Drame

Drame

Koštana, Tašana, Jovča

Borisav Stanković

Globland Books

KOŠTANA

(komad iz vranjskog života s pesmama)

LICA:

HADŽI TOMA
STOJAN, sin mu
ARSA, predsednik opštine
MITKA, brat Arsin
MARKO, vodeničar Tomin
MAGDA, žena Markova
POLICAJA, starešina nad pandurima
PANDUR
KMET CIGANSKI
GRKLJAN, Ciganin, svirač, otac Koštanin
KURTA, ciganski pandur
KATA, žena Hadži-Tomina
STANA, kći Hadži-Tomina
VASKA, kći Arsina
KOCA, drugarica njina
KOŠTANA, Ciganka, pevačica i igračica
SALČE, mati joj

Vranjanci, Cigani, Ciganke, panduri. Vranje. Sadašnjost.

PRVI ČIN

Velika prostrana gostinska soba Hadži-Tomine kuće.

Otvorena, dvokrilna staklena vrata, a s leve i s desne strane široki prozori sa drvenim rešetkama. Kroz njih se vidi balkon sa svojim u bojama i rezbarijama drvenim stubovima. Oko balkona i prozora puža se loza i divlje ruže. Iza njih nazire se bašta, ulični zid sa velikom dvokrilnom na svod kapijom i ceo kraj varoši sa razasutim krovovima kuća prorešetani vrhovima i granama drveća iz bašta. A to sve nadvisuje stari krov saborne crkve na kome se blista zlatan krst.

Zidovi sobe su u „dolapima", uzidanim ormanima, za čuvanje prazničnog odela. U uglu sobe je manji ikonostas sa zapaljenim kandilom opkoljen srebrnim i zlatnim hadžijskim jerusalimskim ikonama i ikonama iz Svete gore, Rila, Peći. Oko ikona kite suvog bosiljka od škropenja svetom, krštenom vodom i venčići od duhovskih crkvenih trava. Pod je zastrt velikim ćilimom sa vezenim Solomonovim slovima. Oko ćilima, uza zid, minderluci pokriveni dugačkim ćilimom i jastucima crvene boje, tzv. „čupavcima". Po zidovima, između prozora obešeni razni vezeni zlatom, srebrom i srmom peškiri. Tavanice išarane krugovima od raznobojnih rezbarija iz čijih sredina vise veštački izrađene kriške lubenice, dinje i međ' njima povešano suvo grožđe i žute dunje sa uvelim lišćem. Iznad prozora svuda rafovi prepuni poređanih sahana, srebrnih poslužavnika i zarfova za šolje od kafe. Dan se smiruje. Po ćilimu igra klonuo sunčev zrak. Sa ulice dopire svirka, graja.

U sobu rupi puno devojaka kličući, pevajući i igrajući. Neke uzele tepsije mesto daire; neke šolje od kafa mesto čampara, udarajući u njih.

VASKA *(ide ka suprotnim vratima vičući)*: Stano, hodi i ti ovamo. Hodi da igramo i da pevamo!
(Ostale devojke odlazeći igraju i pevaju):

Šano dušo, Šano, otvori mi vrata,
Otvori mi, Šano, vrata, da ti dam dukata.
Izgore me, Šano, mori, tvoja lepotinja,
Tvoja lepotinja, tvoja krasotinja,
— Oh lele, lele, izgoro' za tebe.

VASKA *(zadržava Kocanu, golicajući je i štipajući)*: Ovamo ti!
KOCA *(otimljući se od Vaske, ali već razdragano, strasno)*: Pusti me, Vaska! Jao, ne stiskaj!... Boli me Vaska, boli!
VASKA *(vuče je k sebi i ljubi)*: Čekaj ti, čekaj! Gle, kako se ona raskrupnila? Ovamo! *(Privlači je i ljubi.)*
KOCA *(cikne držeći se za obraz)*: Jao, izede me! — Ala si ti, Vaska! A ne znaš kako boli!
VASKA *(oko nje)*: Jest, boli. A kad bi te on mesto mene?... *(Pokazujući joj na obraz):* Kad bi te on poljubio, onda?...
KOCA *(zapušavajući Vaski usta, uplašeno zvera oko sebe)*: Ćuti slatka, čuće ko!... *(Odlazi bežeći.)*

Ulazi Stana.

VASKA *(prilazi Stani i hoće da je povede)*: Hajde i ti, Stano, sa nama da pevaš i da igraš. Niko nas neće moći gledati. Sami, kod nas i u našoj bašti igraćemo.
STANA *(otimajući se)*: Neću, Vaska, neću! *(Plačno)*: Sami smo kod kuće. Otac ljut, prek...
VASKA *(prekorno)*: Hajde, Stano! Što si takva?
STANA *(odlučno)*: Neću, ne!

Iz bašte se čuje pesma i igra.

STANA *(slušajući im pesmu, briše suze)*.
VASKA: A što plačeš?
STANA: Pa kako da ne, Vaska?... Eto, vi svi pevate i igrate *(okreće se uplašeno oko sebe)*: a ja sama! Nigde nikoga kod kuće nema. Ni otac, ni brat. Otac već znaš ljut, besan. A bata, on nikako i ne dolazi. Sve tamo, s tom Koštanom...
VASKA: A što? A tebe zbog njega strah?
STANA: Strah me! *(Na ulici graja, pesma. Stana pokazuje Vaski)*: Eto v'iš... A tamo, s njima, i on je.
VASKA *(jetko)*: A, za njega, ne boj se! Ništa njemu neće biti.
STANA: Jest, ništa. *(Pogleda na ulicu, odakle se čuje pored pesme i svirke i po neki pucanj iz pušaka)*: Kako ništa, kad eno i puške bacaju!
VASKA: E, kakve puške! Samo neka im ona, Koštana, zapeva pa ne samo puške, već će i glave pobacati. A naročito on, naš brat, krasan naš brat!
STANA *(braneći ga)*: Pa nije, Vaska, samo on kod nje. Svi su tamo.
VASKA: Jest, svi. A što on da je? E, kad on ne bi bio, onda ko bi njoj po tri para haljina krojio i ne dukatima već dublama je kitio?
STANA *(uplašeno, da ko ne čuje)*: Ćuti, Vaska, ćuti! Znaš dobro kakav je otac, pa još neka i za to čuje...

VASKA: E, nije on do sada već sve čuo.

STANA *(uplašeno)*: Misliš zar i za one svilene haljine što pričaju, da joj dao? *(Vatreno):* A nije tako, Vaska! Otkuda bati toliki novac, kad otac kesu uvek sobom nosi? Lažu oni, lažu! Nego znaju, kako je otac prek, pa jedva dočekali, da batu kod njega ocrne.

VASKA *(s dosadom)*: Ćuti, molim te! Ceo svet laže, samo on, tvoj brat Stojan, ne laže. *(Jetko):* Evo, mi smo mu sestre, ti čak rođena, pa šta nam je za ovaj praznik dao i čime ponovio? Ništa. Ni „zelen list".

STANA *(zamišljeno, za sebe)*: A, poklon, dar!... Neka je on samo ovde, kod kuće, a to!...

VASKA: Jest. A Koštanu može da kiti.

STANA: Opet ti, Vaska... Ama nije!

VASKA: Pa, zaboga, kako da nije? Eto, sam moj otac to kaže. Sam on priča. Kad god je tamo iš'o da ih rastera, on uvek zaticao i njega i zato se vraćao. Nije hteo da ga silom, s pandurima, otrgne od nje, da ga sramoti, a s njime i sve nas, celu kuću. Koliko se puta otac noću dizao, iš'o s pandurima. A tamo, kažu, sada čovek ne sme ni da priđe. Pesma, oro, puške! Pa i krv često legne.

STANA *(uplašeno)*: Jao, Vaska, jao! Zato majka cele noći sedi. Nit uzdiše, nit plače. Samo sedi, čeka. Boji se da ne čuje, kako ga krvava donose. *(Plačno):* A njega, bate, baš nikako nema... *(Na stepenicama čuju se oštri koraci i kašljanje):* Eto oca! *(Stana i Vaska žurno izlaze.)*

Ulazi Hadži Toma.

TOMA *(ljut, prek; od jeda kida brojanice, te rasuta zrna prskaju po sobi i oknima prozorskim; zabacujući koliju, ide po sobi predišući)*: Ja!?... Ja!?... I on to? I on kao drugi! „Mladost-ludost!" A zar ja ne beh mlad? Beh valjda slep, sakat, te me nijedna ne pogleda i pamet mi ne pomeri. Zar ja ne?... Otkad oženjen, hadžija već, pa ne smem u me'anu da uđem. Bojim se, videće me stariji, trgovci, ljudi... Ne žalim što troši, rasipa. Srma, svila neka je na njemu. Eno, hat mu leži. Sluge ga jašu, da ne oslepi od siline. A što on da ga ne jaše? Zar nema gde da izjaše? Čifluci, vinogradi, njive, livade... Da jaše — beg da je! I meni da je milo. Za koga tečem? Za koga ovako star sedim tamo u brdima, u hanu?... I evo, ako jedanput u godini siđem ovamo, dođem da se na ovaj sveti dan Bogu pomolim, u veru da uđem, s prijateljima da se vidim, razgovorim, odmorim... da vidim njih, decu, dom, kuću svoju. *(Besno)*: A ono? Koga imam da vidim? Njega, s Cigankama po mehanama; i nju, majku, što samo plače i kuka... *(Gnevno)*: Ah! *(Viče ka vratima)*: Ovamo!

Ulazi uplašeno Stana.

TOMA: Gde ti je majka?
STANA *(vraća se)*: Sad će, oco! *(Viče)*: Nano!

Ulazi Kata.

TOMA: Gde ti je sin? Sin tvoj?
KATA *(snebivajući se)*: Pa... ti znaš...
TOMA *(besno)*: Ne znam! I ništa neću da znam! Ti si mu majka, ti si ga rodila! A šta ti znaš? Kad si i ti nešto znala? Nikad! Ništa? Od koje si familije? „Motikarke"! Ko ti beše ded, otac? Zar si ti bila za ovakvu hadžijsku, domaćinsku kuću?
KATA *(bolno, prekorno)*: Oh, čoveče...
TOMA *(ustremi se na nju)*: Ćut! Sad te zaklah! Usta da imaš, a jezik da nemaš! Ti! Takvoga sina imaš.
KATA *(pogruženo odlazi, kršeći ruke)*: Crna ja!
TOMA: „Crna!" A zar kadgod beše bela, sreća kakva? Otkako si, takva si. I rodila si se takva! Stara, mrtva, ledena, plačna... Nikad se ne nasmeja, nikad ne zaradova! *(Ka vratima kuda je Kata izišla)*: Šta se

ovde po kući samo vučeš i plačeš? Tamo idi! Idi u cigansku mahalu. Idi da vidiš sina, kako Ciganke oblači i „beli svet" poji i hrani...

Dolazi Arsa.

ARSA *(zdraveći se)*: O, hadžija, Hristos voskrese i srećan ti dan!
TOMA *(prekida ga gnevno)*: Eto ti tvoja Srbija! A za vreme Husejin-paše takve su se na četiri konja čerečile. A sad? Ciganima carstvo došlo! — Zar ja ovo da dočekam?!
ARSA *(začuđeno)*: Šta, zaboga?
TOMA: To! Zar da mi na ovaj blagi dan, kada se i gora i voda veseli, moja kuća plače!
ARSA *(dosećajući se)*: A, zato, nemoj zato toliko! Zašto?
TOMA: Zato, što me rasplakao moj sin — nesin! Što mi se kuća raskućila, te ne smem da pogledam u oči čoveka, domaćina; što me... A da ga nemam, bar znam. Ovako: imam ga i nemam. I zaklaću ga kao vrapca! Neka se zna, da je Hadži Toma hadžija, a ne da hrani i čuva... *(Trza se, Arsi)*: A što ti stojiš? Sedi! *(Viče)*: Sveću!
ARSA: A, ne! Kakvo sedenje! Znaš da mesta nemam dok ovaj praznik ne prođe, ovi — ne sveti, nego, bože mi oprosti — ludi dani.

Ulazi Vaska unoseći sveću u zlatnom čiraku.

ARSA *(Vaski)*: Vaska, idi ti kući, kćeri, i nađi se kod majke, te dočekujte goste. A onom Stamenku kaži: živ da me ne čeka, ako i on sada ode od kuće i zapije se. Tu da je! Kod kuće! Stoku neka gleda i čuva.
VASKA: Hoću, oco. *(Odlazi.)*
TOMA *(za sebe)*: „Gosti... kuća... stoka"... A moje? Sve ode. I idi, pa mu se raduj kad se rodi. Od ovolicno *(pokazuje rukom)*: od „mrvu mrvku" hrani ga, čuvaj, gledaj, da, kad se umire, ima ko

oči da ti zaklopi, sveću zapali, da ti se dom, ognjište ne ugasi... A ono! *(Gnevno):* Eno ga! S Cigankama! Ni oca, ni mater, ni Boga, nikoga ne vidi i ne sluša... More, što kamen ne dobih, nego njega, sina?!

ARSA: Nemoj toliko, hadži! To je. Sad, šta ćeš mu?

TOMA *(uzdržavajući se)*: Ništa! Ti — ništa!

ARSA *(uvređeno)*: Pa šta mogu ja? Zanat joj je to? A ona to s majkom i ocem radi. Sviraju — šta drugo i mogu oni, Cigani? A da je ona žena, hajde de. Ali ovo je devojka. I poštena. Što je pravo, pravo. Svi dušu nosimo. Ali zato...

TOMA: Eh, poštena! Sigurno radi njenog poštenja toliko se besni i trči oko nje.

ARSA: Ništa ti još ne znaš, hadži! Oni mladi, pa već čovek i da se ne ljuti. Ali što za ove druge, starije, domaćine! Ostarelo, kleklo, pa kad se s njom nađe pobesni! Eno: Maksim, Zafir, Stanko, svi... A za onoga moga Mitka, za njega već — on se lud i rodio.

TOMA: More, što sad: Maksim, Mitko! Šta ovaj, šta onaj? Ovo, ovo ti meni kaži: Zar ja na ovaj sveti i božji dan, pa ovakav da sam?!

ARSA: Ama i meni nije lako! Ne znaš ti. Pored opštine i kuća mi puna. Te ovaj, te onaj došao. Mehandžija došao. Glavu uvio, ruke obesio. Piće mu sve istočeno. Tavan, prozori, sve kuršumima izrešetano. I veli: „Još su tamo!" A ja koga da pošljem? U koga da se pouzdam? Koga imam?

TOMA: Nikoga! Sve živo pomrlo!...

ARSA: Pa koga? Zar Tasu kmeta? On ako ode tamo, pa ili sve na mrtvo ime isprebija, ili i sam s njima zasedne, pa onda još veći lom, još veća muka. A pandura ako pošlješ, oni ga izbiju; a već Policaju ni da pogledaju.

TOMA: Vlast!...

ARSA: A ja šta da radim? Kome da sudim? Njima ili njoj? Ako bih njih od nje silom odvukao, u zatvor ih metnuo? Ne ide. Svi su to naši, moji, tvoji. A nju? Jedanput je proterah u Tursku. I dok se duvan ne sredi, vinogradi ne obraše — lepo, sve mirno! Ali čim nastupiše ovi praznici, ove slave, ove mesnice, čim se nàpiše, odmah pređoše u Tursku i dovedoše je! Oteli je, pobivši se s Arnautima. Čitavu bunu digli na granici, dok je ugrabili. I dovedoše je! Sad, šta ću?

TOMA *(plane)*: Pa ubij! Zar za njih, Cigane, jošte muka? Pa ja u tursko vreme, po deset od njih da na jedan kuršum nanižem, pa još tada oko da mi ne mrdne, a kamoli sada...

ARSA: Eh, nemoj to! Prošlo je to vreme. Nego, ovo će valjda trajati dok je ona devojka; a posle, kad se uda, neće valjda toliko za njom trčati.

TOMA: Pa što se ne uda? Što ti to... Silom! Zašto si vlast?

ARSA *(pravdajući se)*: Pa to i radim. Gledam. Svakog dana govorim onom njihovom kmetu i pretim mu. „Neće", odgovara on. „Ona, nas, Cigane i ne gleda."

TOMA: A, neće?

ARSA: Neće. Eno, Alilov sin, Asan; otac mu, Alil, bogat, „na parama leži", i hoće je. Prosi je toliko puta!

TOMA: Pa što ti, bre, to ne?... Kakva si ti vlast, kad ne možeš? More, i tebi je ona pamet zavrtela.

ARSA: Ama, brate, ne mogu sve sam, razumi! Treba to svi; ne mogu ja sam. *(Sa ulice još veća graja, svirka, pesma i pucnji pušaka)*: Eto, čuj! Već počeli i iz pušaka.

MITKA *(spolja)*: Sablju, mori, i pušku! Konja, Dorču mi izvedi! Dorčo, sine mrtvi, noćas ćemo ja i ti... aah! *(Bat konjski.)*

U sobu rupi Policaja.

POLICAJA *(zaduvan baca štap pred Arsu)*: Evo, gazdo! Evo ti štap, i vlast, i služba, i sve! Ne mogu više! Idem i ja! *(Polazi.)*

ARSA: Kuda?

POLICAJA: Idem. Ne mogu. Nije ovo jedno. *(Očajno širi ruke):* Ovo je na sve strane!

ARSA: Pa zašto imaš ruke? Udri! Kamo ti panduri?

POLICAJA: Kakvi panduri? Pošljem ga, a on izvrne pušku, pa i sam s njima zasedne. I onda šta ja mogu? Evo, Ristu bojadžiju — ne silom, već molbom, i to kakvom molbom, jedva ga dovedoh kući. Napio se. Iz mehane izneo sto nasred čaršije, pa zaseo i psuje: i tebe, gazdo, i načelnika, pa čak i *mene* i sve. *(Tomi)*: A sad, hadžijo, tvoj sin ode s Koštanom u Sobinu. I što će sad tamo tek da nastane!...

ARSA: Eto, hadži, i vidi! Pa sad? Šta da radim? *(Policaji koji polazi)*: Čekaj ti. *(Tomi)*: Zbogom, hadži! *(Odlazi.)*

Graja se već sasvim izgubila u daljini. Veče pada. Čuje se pesma:

Slavuj-pile, ne poj rano,
Ne budi mi gospodara,
Sama sam ga uspavala,
Sama ću ga razbuditi,
Otići ću u dul-baštu
Uzabraću struk zumbula,
Šinuću ga po obrazu:
— Ustaj, ago, ustaj drago.

TOMA *(strese se)*: Ah, sinko! Zar ovakav božji, mili, sveti dan, i ja ovako da ga dočekujem. Ne, sinko! Nećeš ga ni ti da zaigraš i da zapevaš! *(Odlazi i viče)*: Hata mi sedlaj!

Ulazi Kata.

KATA: Šta se od moje kuće ovo načini? Oh, Gospode, što mi ovoliko crno dosudi i pisa? *(Kune)*: Oh, sinko, sinko, suza te moja ne stigla. O, prokleta Ciganko! Oh, sinko, što za nju kuću ostavi, što majku osramoti? Što se u nju zagleda — oči joj ispale! Što te omađija — usta joj otpala!... Oh, Gospode! Čime te, Gospode, naljutih... Koga naružih, koga ogovorih, koga sirotog ne nahranih i ne napojih; kome loše pomislih te mi ovoliko, Gospode, crno, crno dosudi? — Zar majka rodila, čuvala, pa sad majka ne valja, a ona, Ciganka dobra?... *(Odlučno):* Da kunem, oh, da kunem! *(Skida šamiju, ide pred ikonu, kleči i kune):* Sinko, da Bog dâ... ti mene ostavio, osramotio i na ovaj božji dan rasplakao, a tebe da Bog dâ, da Bog... *(Stresa se):* Oh, ne! Čekaj, bob da mu bacim! Da vidim šta mu stoji. *(Odlazi i brzo se vraća sa sitom. Preokreće ga i stavlja nasred sobe. Klekne, i nagnuta nad njim počne po njemu da razmeće zrna. Mesečina jako prodrla u sobu. Okreće leđa mesečini):* Oh, ova mesečina! *(Vrača, razmeštajući zrna):* „Postelja mu prazna, put dalek i krvav!" *(Preneražena odgurne sito):* Ne, Gospode! Ne krv! Molim ti se, Gospode! Ništa njemu da ne bude, a sve na moju glavu! Sin mi je, čedo! Što rekoh da ne bude! Usta mi otpala, usta što izrekoše...

DRUGI ČIN

Sobina, predgrađe vranjsko. U prostranom dvorištu vodenica od trošnih zidova, pobelelih od brašna. Oko nje, već zarasli travom, razlupani i truli vodenični kamenovi između kojih se vidi jaz vodenični, u kome prska i šumi voda. Sproću vodenice kućica sa doksatom. Na sredi dvorišta „ćutuk" i kameno korito od stare, presušene česme. Na kapiji stoji obešen fenjer, koji zajedno sa mesečinom osvetljuje vodenicu i oko nje tamnu goru, čija se debela, mrka kestenova stabla crno ocrtavaju. Iz daljine počinje da dopire svirka i pesma. Na stepenicama od kućice sede Marko i Magda, osluškujući. Svirka i pesma burnija i sve bliža. Počinje da se razabira dahire, zvon čampara i pesma:

Kraj Vardar mi stajaše,
T'nke puške frljaše.

MARKO *(odlazi ka kapiji i vraća se radostan)*: Gazda, gazda!
MAGDA *(polazi ka kapiji)*: Koji?
MARKO: Mlad, mlad!
MAGDA: Slatko moje dete, seća se ono dade svoje!

Uz pesmu, svirku, ulaze Koštana, Stojan, Salče, Grkljan, i ostali.

KOŠTANA *(pevajući i igrajući)*:

Kraj Vardar mi sedeše,
Tanke puške frljaše.
— Ja ne žalim snagata,
Žalim srmali jelek,
Haj, haj, srmali jelek!

STOJAN *(Magdi)*: Dado, Hristos voskrese i srećan ti dan! Ali, da se ti ne ljutiš što ja ovako dolazim?

MAGDA *(grli ga)*: Čedo moje! Pa ti si nam gazda, sinko, šta mi protiv imamo!

MARKO *(ljubeći Stojana u ruku)*: Srećan ti dan, gazdo.

STOJAN *(pokazujući na kuću)*: Tamo! Unutra! Kod dade! I njoj je sada Uskrs i svetao dan. *(Grleći Magdu):* Ovo je moja druga majka, njezino sam mleko sisao.

MAGDA *(raznemženo)*: Slatko moje dete, kako mi ono sve zna. *(Razdragano Koštani):* Pevaj, kćeri! Pevaj, i baba ima bakšiša.

SALČE *(Koštani, koja gleda oko vodenice u drveće, goru)*: Kosa ti se zamrsila. *(Opravlja joj kosu i odelo.)*

KOŠTANA *(zabacuje kosu)*: Neka se mrsi! *(Magdi):* A, je li, tetka... *(Pokazuje na goru):* Šta je tamo! Gora?

MAGDA: Gora, kćeri!

KOŠTANA *(radosno se unosi, da što bolje gleda goru)*: A je li to ta gora za koju se peva: da je golema, pusta, tamna gora?

MAGDA: Ta je, kćeri.

KOŠTANA *(propinje se na prste, da bi, preko zida, mogla što bolje da gleda; duboko udiše i miriše)*: Ala miriše gora! *(Magdi):* A je li to ta tetka, gora, što po njoj nekada komita četu vodio? I mnoge majke ucvilio, rasplakao, u crno zavio, a najviše majku Jovanovu? Sina, jedinca, Jovana joj zaklao. Pa... majku, oca, sestre, sve ih naterao da igraju i da pevaju. — Otac igrao i plakao:

*Jovane, sine, Jovane,
Ti si mi, sinko, prvenac!*

I majka plakala:

*Jovane, sine, Jovane,
Ti si mi jagnje đurđevsko!*

I sestra plakala:

*Jovane, brate, Jovane,
Ti si mi cveće prolećno!*

(Uzrujano): Je li to ta, tetka, pusta, tamna, golema gora?...
MAGDA *(brišući oči)*: Nije kćeri, nije! Nije to ta gora! — A nemoj tu pesmu. Drugo, veselo, pevaj! „Lošo je" da se sad plače.
STOJAN *(sa čardaka)*: Košto, pesmu!
KOŠTANA: Koju?
STOJAN: Pesmu, kao što je tvoje lice, grlo, kose ruse...
KOŠTANA *(zaradovana)*: Eh, zar baš *ruse* kose?
STOJAN: Ruse, meke, još nezamršene!
KOŠTANA *(peva)*:

*Mirjano, oj Mirjano,
Imaš ruse kose, Mirjano!
Daj da gi mrsim ja,
Daj Mirjano daj, daj!*

Ulazi Mitka, vodeći sa sobom konja.

MITKA *(Marku)*: Je li toj Hadži Toma, bre?!

MARKO: Nije on, gazda Mitko, nego je mladi gazda.
MITKA *(zabacuje uzdu konju o vrat)*: S'g će batka da se vrne. Neće mnogo da mi te ostavi. Tiki, samo da nadzrnem. *(Za sebe)*: A i mnogo nećem jošte da živim! Četiri, tri, dve — najviše još polovin godinu. U jesen, slunce kad počne da kapnuje, t'g ću i ja da si umrem. Zajedno, ja i slunce će si idemo! *(Čuje se konjski bat i rzanje)*: Ja! Zar te je žal, bre, za mene? Eh, Dorčo! Hoćeš šićerč'k. Ima batka za tebe. *(Vadi iz pojasa šećer i pruža konju)*: Na, Dorčo! Na, sinko!
KOŠTANA *(peva na čardaku)*:

Mirjano, oj Mirjano,
Imaš čarne oči, Mirjano!
Daj da gi pijem ja,
Daj Mirjano daj, daj!

STOJAN: Dado, umreh ti!
MITKA *(ostavlja konja koga Marko odvodi i penje se čardaku, nabijajući fes na oči)*: Eh, Koštan, bre! Živa rano, bre! *(Plačljivo)*: Plači, Mitke, plači! *(Trza se)*: Ali ne! S'g, na ovaj dan ni loša misal ne pada, a kamoli sluza. S'g, na Voskresenije gora i voda se veseli. Tiki ja sam si nešto mnogo žalan. Od grobje idem. Na pobratima sveću zapali, pa zar se mnogo ražali? Polovin čovek bidna! I još k'd nju čujem, njojnu pesmu i njojno grlo — ete, dori, pupak me zaboli! *(Penje se na čardak. Besno Salčetu)*: Salče, stara đidijo, mori! Vidiš li? A „naše" k'd beše? K'd mi ovakoj mladi i ubavi besmo? Sviri, mori, i poj, zašto će te ubijem! Će te zakoljem, samo da te ne gledam takoj staru i zbrčkanu. De, onuj našu, staru, mekamlijsku: kako za mladost i lepotinju srce gori i izgori...
STOJAN *(posrćući, silazi sa čardaka i tare usta)*: Usta mi izgoreše!... Oh!

KOŠTANA *(silazi za njim; i brižno oko Stojana)*: Bolestan si? Da ne sviramo i ne pevamo više? Hoćeš, a?
STOJAN: Daj da te ubijem!
KOŠTANA: Zašto?
STOJAN: Zato... zato što te volim, a ne smem da te volim.
KOŠTANA *(srećna, iznenađena, grca)*: Ne, Stojane! Nemoj da me...
STOJAN *(upada)*: — lažeš! Ah ne lažem te, Košto! Sve bih ti dao. A i sada, evo, sve da ti dam! *(Vadi sahat, kesu, ćulibarsku muštiklu):* Na!
KOŠTANA *(odbijajući)*: A ne, ne! Neću to od tebe! Neću od tebe novaca! *(Sa svoga vrata odvezuje nizu od dukata i daje mu)*: Evo ja... ja ću tebi da dam.
STOJAN *(grcajući)*: Usta mi daj! *(Privlači je.)*
KOŠTANA *(trza se, odriče glavom)*: Ah, ne!
STOJAN *(rukom za njena prsa)*: Grudi!
KOŠTANA *(beži ka materi)*: Aman, ne!
MITKA *(sa čardaka)*: Grkljan, Koštan kude je? Vikaj gu, bre, i sviri vu da dođe i da mi poje, zašto ako njuma nema, sve će da ve potepam! *(Ustaje, silazi sa čardaka)*: Neću više ovde. Ovde mi na staro, na moljci miriše. U bašču, na ava, na zelenilo iskam! *(Asanu)*: Asane bre, uz njuma li si jednako? I oca, i majku, i kudeljke i sve gazdinstvo ostavi, sam uz njuma da si! Ako, ako, bre Asane, veni, tuguj za njuma, jer od karasevdah pogolem boles nema. Istina, lice ti je cigansko, ama oči bolne imaš. *(Koštani):* Poj, bre, Koštan!
KOŠTANA *(predusreće Mitku pevajući)*:

Katinku grlo bolelo,
Katinke, lepa devojke.

MITKA *(bacajući novac Koštani u njeno dahire)*: Na! *(Za sebe)*: Ah, moj brat nikad sreću da ne vidi, što me oženi, zarobi... Zar sam ja bre bija za ženu? *(Gleda u Koštanu)*: Ovo je, ovo bilo za mene... Ah, brate, ti mene oženi, zarobi i vrza, a tebe Gospod! *(Zagleda sebe)*: Zar ja s'g ovakav da sam? Eve: i čakšire, i pojas mi se sm'knuje! Snaga mi većem haljinku ne drži. *(Slučajno poklekne. Prkosno se ispravlja. Ispruža nogu i lupa njome)*: Kosko, zar već ostare, te se već treseš? *(Okreće se Ciganima, besno im preteći jataganom)*: Grkljan! Salče! Ovam'! Zašto s'g ću sve da... *(Seda, zavaljuje fes, razdrljuje prsa. Koštana, Salče i ostali sedaju podalje od njega ponizno, zbiveno.)*

MITKA *(mračno)*: Svirite mi!

GRKLJAN *(uplašeno)*: Šta, gazdo?

MITKA *(još mračnije)*: Žal, bre, da sviriš. A kako moj žal nigde — nigde dokle turski hat ide — nigde ga nema!

STOJAN: Košto, pesmu! Glas tvoj! Samo tvoj glas! *(Marku)*: Marko, vino! Vino, svu mladost da ispijem! *(Grli Mitka)*: Oh, bato!

MITKA *(bolno)*: Beše moje!...

KOŠTANA *(tražeći bakšiša dolazi do Mitke pevajući)*:

Bog ubio, Vaske, tvoju staru nanu,
Što te dade vrlo na daleko,
Na daleko, Vaske, tri godine dana.

MITKA *(rukom je zaustavlja dalje od sebe)*: Potamo. Ne priodi mi! A bakšiš? Daću... Jer... — Ah, moj brat nikad sreću da ne vidi, što me odomi, oženi... Što me ne pušti da idem. U svet da si idem. Tiki, koj što pravi, a on: „Mitke, dom, u kuću da sediš, ženu i decu da gledaš. Ne skitaj se, bre, i ne krvi, zašto će te, možda, ubijev!"... A koga da ubijev? Mene li?

GRKLJAN: Eh, zar tebe, gazda? Taj se još nije...

MITKA *(upada besan)*: — rodija. I neće da se rodi. Zar mene bre da ubijev? Mene? Što gi još u tursko vreme, po Skoplje, Solun, Serez, kuda me onaj moj brat praćaše po trgovinu... i t'g, sve što od tursku veru i po carski drum nađešem, sve terašem ispred sebe... I paše mi se sklanjašev...: „Mitka je toj, vikav, na čorbadži-Arsu brat!"... Pa zar mene da ubijev... Tiki, pa i da me ubiše! Zar je ovoj kakav život? Ovoj život?... *(Nabija fes. Teško, gorko)*: Eh, Stambolke Redžepovice, mori, žalna pesmo moja! Stari Redžep na put, a ja kude njuma. Ciganka me vodi. Ciganka na kapidžik ostane da čuva i pazi, a ja kude njuma, gore, u odaju. I toj hajdučki! Noga da ti ne šušne. Noć padnala, mesečina se spuštila, a ona, Redžepovica, čeka me. Legla na dušeci, gola, mlada, kapka... Snaga! Da cuneš, pa da se zaplačeš! Ruke više glavu frljila, kosu crnu, fildiš, rasipala oko sebe i — čeka me! Gleda u vrata, gleda kako bi me odma, još od prag, s's svoje puste crne oči opila, izela... Gleda, čeka me, i poje:

Rafistinde on alma (Na raf ima deset jabuka)
Beš i al, beš i alma! (Pet za mene, pet za tebe!)

(Ustaje. Koštani): Tuj, Koštan, i samo tuj pesnu da mi poješ! Mintan da skineš; ruke gore, više glavu...
STOJAN *(prekida ga)*: A, ne tako, bato! Sramota je! Mati joj je tu, otac, mi...
MITKA *(razdragan, zanesen)*: Nemam ja, bre, lošu premislu na njuma. Tatko mogu da vu bidnem. Tiki — milo mi! Duša mi još bre iska. *(Bolno Salčetu)*: Salče, ti me znaš! Znaš li, Salče, „moje" kakvo beše? Ti bar kaži! A, Salče?... *(Posmatra je)*: A i tvoje, beše mnogo! Nego s'g i ti ostare, ispeče se. *(Odbija je rukom)*: Trgni se u stranu, da te ne gledam, zašto kad tebe gledam, mislim mnogo na sebe. *(Okreće se Koštani)*: Koštan! De, poj! Bakšiš? Kesa? Eve na!... *(Vadi i baca joj novaca.)*

SALČE *(Mitki)*: Drugi put će ona to, Mitke, drugi put!
KOŠTANA: Ali ovakva da sam. Da ne skidam mintan!
MITKA *(besno, gorko)*: Ne! Mintan da skineš, te grudi da ti pucav. I ruke na gore da digneš, kosu na sve strane, te kao ona, Redžepovica da si. Ali da me ne gledaš, jer mnogo muka će mi padne. Ona, Redžepovica, će mi se upije u pamet i će se razbolim. Bolovaću. Nedelju dana mrtav bolan će da bidnem za njuma. Ne li ne izdadoše, potkazaše? Dremka me uhvatila na njojno zrelo, belo, grlo, a stari Redžep iz dolap, kude se bija sakrija — s's jatagan na mene poleteja. Ona videla, pisnala, brgo od sebe svilenu košulju skinala — i drž za jatagan. A nož, znaje se, svilu ne seče, te ja tako živ... A njuma, posle, živu gu u vreću vrzali i u Moravu frljili. *(Ustaje, besno vadi jatagan)*: Svirite mi bre, i pojte, zašto... *(Salčetu)*: Ti li, mori veštice, ne davaš! Ovamo ti! Ovam! Ti ćeš da mi igraš i da baješ! S'g te svu na paranparče iseko'! Ti ćeš, starke, po jatagan da mi igraš i da baješ, kao veštica u nekrsteni dni što na sneg i na mesečinu igra. I ti ćeš takoj! Ovamo ti! Ovamo, veštice, ovamo koske stare da ti rastresem.

Utrči Marko.

MARKO *(uplašeno)*: Gazda, hadžija stari!
STOJAN *(đipi uplašeno)*: Otac! Šta ću mu ja? *(Polazi kapiji da je zatvori.)*
SALČE *(zaustavlja ga)*: Ne, sinko, otac ti je!
STOJAN: Šta ću mu ja sada? Šta ću... Šta me traži?
KOŠTANA *(zaustavlja ga)*: Nemoj, Stojane! I ja te molim!
STOJAN: Pa baš zbog tebe — neću. Jer znam, da će on sada sve na tebe! Za sve ćeš ti biti kriva.
KOŠTANA: Neće, neće! Samo ti nemoj!

Čuje se bat konjski, rzanje, zvek dizgina.

TOMA *(iza pozornice viče)*: Marko!

Marko istrči. Sjahivanje.
Ulazi Toma. Marko mu ostrag, ponizno, ispravlja izgužvane čakšire i koliju.

TOMA *(unezvereno, ne mogući da dođe sebi)*: Pa?... a?... To? To? *(Okreće se Mitki)*: Aferim, Mitke! Tako! I ako si stariji, otac da im budeš, i onda da ih ti poučiš, odvratiš, a ne ti još prvi među njima... Aferim! *(Ustremi se Magdi)*: A ti? Tako li se stari gazda poštuje?
MAGDA *(ponizno)*: Oh, gazdo!
TOMA: Tako li se moj hleb jede?... Nego k'o veliš: „stari gazda star je, umreće, a mi mladoga da čuvamo". A, to li?
MAGDA: Oh, gazdo, zar ja? Ja! Magda tvoja...
TOMA: „Magda moja, vodenica moja"... Pa kad je sve moje, šta će ovo ovde? *(Marku)*: Pušku!
MAGDA *(pada pred njim)*: Gazdo, gazdo...
TOMA: Pušku, pa sve da ubijem! Sve da zapalim! Nikoga da ne vidim, nikoga da ne gledam! Sve da...
MAGDA *(vije se ispred njega)*: Ne gazdo, ne!...
TOMA: ...Nikoga! Sin?! — Sinule munje, pa u čelo! *(Stojanu)*: Kući, bre! Bar da te ne gledam!

Stojan pokunjeno, i gologlav, odlazi.

MAGDA *(ponizno Tomi)*: Nemoj, gazdo! Ne ljuti se toliko!
TOMA *(besno)*: Kako? Da se ne ljutim? Šta sam ja?
MAGDA: Gazda! Gazda! Stari, mili, slatki gazda! *(Ljubi ga u ruku)*: Nemoj, gazdo! *(Pokazuje na jelo, piće)*: Sedni!
TOMA *(zgranuto)*: Još i da sednem?

MAGDA *(preklinje, moli ga)*: Sedni, te s tobom u kući sreća, blagoslov da mi sedne! Berićet, blagota s tobom u kući da mi zasedne. Sedni! Okusi! Samo hleb, so!

MITKA *(Tomi)*: Sedni, sedni! Zar ne znaš, da se ne valja, da je loše, kad se na ovakav sveti i veliki dan dođe, pa da se ne sedne, ne okusi hleb, so... Zar ja da ti to kazujem? Zašto si hadžija?

MAGDA *(pokorno)*: Berićet, gazdo, i blagota od stoke da mi s tobom u kući zasedne i da se umnoži.

TOMA *(lomi se)*: Eh, molite Boga, što je ovaj sada sveti blagi, božji dan. *(Prilazi pobožno i seda za sofru; strogo):* Hajd, daj, ali brzo!

MAGDA *(srećna, podmeće mu jastuk, nudi ga jelom, vinom)*: Uzmi, gazdo. Okusi što Bog dao! Nemoj, na ovaj sveti, božji dan! *(Pruža mu čašu):* Okusi, gazdo!

TOMA *(krsti se, uzima čašu)*: Eh, Magdo! *(Pije):* Nego hajd'! Hajd', srećan ti dan i Hristos voskrese!

MAGDA *(ljubi ga radosno u ruku)*: Vaistinu voskrese! Oh, hvala, slatki gazdo!

Koštana, Salče i ostali hoće da idu.

MITKA *(zaustavlja ih)*: Stoj! Kude vi?

KOŠTANA *(pokazuje na Tomu)*: Ljutiće se...

MITKA: Ovamo, ti! Mene gledaj! Ja ovde... Poj!

KOŠTANA: Nemoj, nemoj, gazda-Mitke, pa posle hadžija da se... *(Pokazuje sa strahom na Tomu.)*

TOMA *(prezrivo)*: Šta „hadžija"? Šta ja imam na vas? Zanat vam je to. Možete. Otpevajte... Bar džabe bakšiša da vam se ne da.

MITKA *(Koštani)*: Ti samo poj! A koj na tebe ruku digne? Ja sam ovde!

KOŠTANA *(počinje pesmu)*:

Hadži-Gajka, hadži-Gajka
Devojku udava...
Em je dava,
Em je ne udava...

MITKA *(prekida je)*: Neću tej stare, tej mrtve, hadžijske pesme! Drugo!
KOŠTANA *(peva)*:

Dude mori, Dude, belo Dude,
Kako tebe, Dude, nigde nema,
Ni u Tursko, mori, ni Kaursko.
Zapali me, Dude, izgore me,
Napravi me, suvo drvo,
Suvo drvo javorovo.
Od drveta sitan pepel,
Od pepela miris sapun,
Pa s's njega, da si miješ,
Dude, mori, belo Dude svoje lice!

MITKA *(Koštani)*: E, s'g dede onuj: Kako k'd Kumanovo čuma bi, k'd se ludi i besni Stojan zagleda u Stamenu, od ujku sestru, pa ili grad da pali ili Stamenu da uzme. I tri dana crkve zatvorene, tri dana čaršija zatvorena, Stamena kuka i moli:

— *Stojane, more Stojane,*
Gde se je čulo, razbralo,
Brat sestru more da zema?

A on, pusti i besni Stojan, odgovara:

— Stameno, mori, Stameno,
Stameno, kito proletnjo,
Stameno, zrno biserno,
Jesi li čula, razbrala:
Sitno kamenje broj nema,
Duboka voda brod nema,
Visoko drvo hlad nema,
Ubava moma mori rod nema.

TOMA *(za sebe)*: Da jest, zna se: lepota, doba, rod, starost nema. *(Trza se. Marku):* Marko! *(Daje mu novaca pokazujući iza sebe na Cigane):* Podaj im, i dajte im da jedu i da piju. *(Gordo):* Jer ne sme da se kaže, da je neko sa Hadži-Tominog imanja otišao gladan i žedan.
MARKO *(dajući Salčetu novac)*: Od hadžije.

Salče, Grkljan i ostali oslobođavaju se, razuzuruju se i počinju da sviraju.

TOMA *(prekida)*: Dosta, dosta.
MAGDA *(donosi u jednoj ruci tepsiju, poslužavnik sa raznim jelom, a u drugoj ruci bokal; meće na sofru pored ostalog jela i pića i nudi ponizno Tomu)*: Ne ljutiš se gazdo više onako na mene.
TOMA: Pa, Magdo, kako...
MAGDA: Nemoj, slatki gazdo, nemoj da se ljutiš što smo mladoga gazdu... Ti znaš da sam ga ja dojila pa da mi je on kao drugo moje dete. Znaš koliko sam te služila pa mi nikada reč ne reče a kamoli da se naljuti.
TOMA *(malo toplije)*: Jeste, Magdo, verno si me služila.
MAGDA: Služili smo, gazdo. I sada te služimo. Živimo u tvojoj kući. — I evo koliko te volimo i poštujemo. Znamo da ćeš nam kao

svake godine tako i danas na ovaj veliki božji dan doći. Pa cele godine čuvamo, za tebe evo ove kruške, „maslarke" što znamo da ih voleš, evo i jabuke. Sve to rukom birane. Evo i vino što je za tebe Marko cedio, bez peteljke, sve zrno po zrno.

TOMA *(odobrovoljen pruža ruku Marku)*: Hvala, Marko.

MARKO *(ljubi ga u ruku)*: Hvala, gazdo i srećan ti praznik!

MAGDA *(nudeći ga)*: Uzmi gazda. Sve je isto ono što si voleo kada kao nekada kad leti po mesec dana ovde dođeš da se razonodiš i provedeš.

TOMA *(setno)*: Da, kao nekada. *(Padne mu pogled na presušenu česmu)*: A ćutuk, česma presušila?

MAGDA *(izvinjavajući se)*: Jeste gazdo. Ove godine sasvim presuši. Šta nismo činili! Ali ne ide. Gore, u šumi, izvor mu nije više čist. Počeo je da se meša sa zemljom i trulim lišćem. Nije više onako jak, silan i čist kao ono kada ga ti pronađe i sprovede ovde u česmu.

TOMA *(setno, više sebi)*: Da, da, zajedno sa mnom i on se presušuje i pozemljuje.

MITKA *(Koštani i ostalim)*: Svirite bre i pojte jer već?

KOŠTANA *(peva)*:

Stojanke, bela Vranjanke!
Kad te je majka rodila,
Našta je okom gledala,
Da li na sunce sjajano?
Ili jablanče tanano?
Bre gidi, džanum, Stojanke,
Stojanke, bela Vranjanke!

TOMA *(prvi put se okreće Ciganima; strogo, znalački posmatra Koštanu, sebi)*: Silan glas... Ali dosta.

KOŠTANA *(produžava pesmu)*:

Az li te gledam kroz mare,
U tija džanfes šalvare,
Gde tiho mineš po dvore,
Kako jelenče kroz gore,
Ne znajem ništa za sebe,
Bre, lele, lele, momiče,
Momiče, zumbul devojče
Pogiboh, dušo, za tebe!

TOMA *(uzbuđen, uzrujan)*: Da jest... Jest...
KOŠTANA *(nastavlja)*:

A kad ti vidim dve oči,
Dve tamne oči, dve noći,
Kail sam mnogo na tebe,
Ja da te vodim za sebe,
Pa kud mi majka živuje,
Da mi te ona miluje,
Da živiš kako gidija,
Da gučeš kako kumrija,
Bre, lele, džanum Stojanke,
Stojanke, bela Vranjanke!

TOMA *(grčevito čupa kolena)*: Ne tako, ne toliko silno... Dosta, dosta...
KOŠTANA *(još razdraganije)*:

Sum šetal, mori Đurđo, po Stara Srbija
Po Srbija i po Maćedonija.
Pečalil sam meke mahmudije,

Kako tebe, Đurđo, ja nigde ne najdoh.
Oj pojdoh dole, pojdoh na gore
Kako tebe nigde ne najdoh!
— Oh, da legnem, ah da umrem,
Samo da ne gledam
Kako tvoje lice
Drugi grli, ljubi.

TOMA *(već savladan)*: Mnogo je ovo. *(Okreće se Mitki)*: Mitke, bre!
MITKA *(meće u usta dukat i pruža ga Koštani)*: Koštan, čedo.
KOŠTANA *(ustima uzima iz Mitkinih usta dukat i baca ga Salčetu u krilo)*.
TOMA *(izdiže se)*: Eh, a sada kad bi još i onu! Ali ne znaš je ti. Stara je to pesma. U moje doba kad ja beh mlad, tad se ona mnogo pevala. Tvoja majka, Salče, pevala mi je. *(Salčetu)*: A, Salče?
SALČE *(zadovoljna)*: Koju, gazda?
TOMA *(odsečno, više za sebe)*: Onu: bula mlada posle svadbe, čim legla, odmah umrla. Sutra, sunce već izašlo visoko, visoko — a nje iz sobe još nema. Majka joj došla u pohode. Ona se još ne budi. Svekrva stoji pred vratima, budi je i tužno poje:

O jansana a'nn đeldi (Svekrva ti je došla)
Ojan, ojan, maz. (Stidi se, more.)

(Salčetu, pokazujući na Koštanu): Zna li ona tu pesmu? Naučila si je?
SALČE *(zaradovana)*: Zna, hadži, zna. *(Sećajući se)*: Ama, teška je i stara ta pesma!
TOMA *(zadovoljan)*: Eh, kada bi još i to! A bakšiš hadžijski! I to ne celu pesmu. Kraj samo. On mnogo kazuje. Ona mrtva a svekrva misli da od noćnog prvog milovanja i celivanja još ne može da se

osvesti, i zato ne izlazi... I otac joj već dolazi. Svekrva plače, budi je i tužno poje:

Utansana baba đeldi (I otac ti dođe)
Ojan, ojan, maz! (Stidi se, more!)

Tatko ti dođe, zasrami se, more! A ona mrtva i čista. Muška je ruka ne pomilovala, ni usta celivala. Mrtva i čista...

KOŠTANA *(uz burnu svirku, praćena Cigančicama počne da igra čuveni čoček „Keremejle"; pada kolenima, uvija polovinom, trese prsima i igrajući oko Hadži-Tome, pokatkad ga kosom dodirne po glavi).*

Noć trne. Fenjer se gasi. Grneta, zurle jače pište, seku igru i pesmu.

TOMA *(izvan sebe baca fes, skida koliju, i laktovima izvaljujući se na jastuke, viče)*: Marko, hata pa u grad, i hadži-Ristu, Zafira, Sekulu... Sve bre, sve zovi ovamo na radost i veselje!

TREĆI ČIN

PRVA SLIKA

Gostinska soba Hadži-Tomine kuće. Na sredi sobe, na dušecima leži Stojan opkoljen, ututkan jastucima i jorganima. Čelo glave, na tronožnoj stolici, poređani sahani sa raznim đakonijama, kiselim kruškama i grožđem iz „turšije". Svaki čas ulazi Stana i, na prstima, da ga ne probudi saginje se nad Stojanom, osluškuje kako diše.

STANA *(cedi peškir od hladne vode, oblaže njime Stojanovo čelo tiho ga ljubeći)*: Bato moj mili! *(Odlazi uplašeno.)*
STOJAN *(budi se)*: Zora! Dan već? *(Uplašeno):* Neću ja dan! Nju, usta njena hoću!... Ah, što se probudih? Ona beše! Ona, vrela, slatka Koštana! Klekla, ručicama mi stisla obraze, da mi usta odskoče, a svoja usta upila u moja... ah!
STANA *(ulazi brižno)*: Bato, zoveš?
STOJAN *(vidi je i zavaljuje se natrag)*: Ti?
STANA *(brizne u plač)*: Bato, što si ljut na mene?
STOJAN: Idi!
STANA *(plačno)*: Nemoj, bato! Nemoj na mene de se ljutiš. Šta ja? Živa nisam od straha. Eto cele noći nisam... A i nana. Ona se sada ne ljuti na tebe nego na oca. A on tamo, pričaju, čuda čini po Sobini. Otac kao da nije stari otac!
STOJAN: A ko mu svira?
STANA *(ustežući se)*: Pa još *ona*...

STOJAN *(gnevno)*: Idi!
STANA: Bato!
STOJAN: Idi!
STANA *(odlazi plačući)*.
STOJAN *(dipi)*: Ciganka! Ja nju toliko voleo, a ona?... Ciganka! Ko da više!...

Ulazi Kata.

KATA *(prilazi Stojanu)*: Sine, bolan si? Šta ti je?
STOJAN *(neugodno se izmiče)*: Ništa, ništa mi nije!
KATA: Šta hoćeš majka da ti donese? *(Hoće da mu opipa čelo)*: Kamo čelo?
STOJAN *(otura je rukom)*: Ne diraj me!
KATA *(ne može više da se uzdrži od plača)*: Zašto, sinko? Šta toliko majku? Šta je majka toliko skrivila?
STOJAN: Što si me rodila...
KATA: Pa majka, sine, za sreću te je rodila. Da ima u koga da gleda, u koga da se kune. Majka rodila, očuvala, pa majka i da oženi, da snahu, odmenu dobije. Da i ona, kao i sve njene drugačke, sa snahom u crkvu pođe, u svet iziđe, u goste da ode; pa i ona goste kući da dočeka, isprati. Da joj je kuća, sinko, s tobom otvorena. Za sreću te majka rodila. Da majka s tobom život proživi, kad nije s ocem ti. A s njime — crni je moj život! Od njega nikad božja, blaga reč, samo vika. *(Stiska se za glavu)*: Od straha mi, sinko, već pamet iziđe.

Izdaleka graja, svirka i pesma se razbira.

STOJAN *(pokazujući rukom odakle dolazi pesma)*: Ona, majko, ona!...
KATA *(odlazeći)*: Oh, Ciganka je, sinko, ona!

Utrči Marko.

MARKO *(zadihano, dižući posteljne stvari)*: Hadžija, stari!... Brzo! Juh! *(Skuplja postelju i odlazi. Za njim odlazi i Stojan.)*

Ulazi Hadži Toma zagrljen sa Koštanom i sa ostalima.

TOMA *(Koštani)*: U moju kuću kad se ulazilo, pevala se pesma:

More, vrćaj konja, Abdul-Ćerim ago,
Tugo, vrćaj konja, pišman će da bidneš,
— More, ne vrćam ga, džanum, mlad Stameno,
Tugo, ne vrćam ga, da znam da poginem!

I ja ću da poginem! To da pevaš ti. Poginuću, hoću!... Sin mi leži bolan — mrtav neka je!
KOŠTANA *(uplašeno, bolno)*: A ne to, gazdo!
TOMA *(ne slušajući je)*: ...Ženu? Nemam. Nikad je nisam ni imao. Imao sam majku. A majka za mladost nije. *(Obzire se, gleda po sobi. Viče):* Marko!

Dolazi Marko.

TOMA: Kamo sofra, vino? Služi gazdu, još sada, pa posle, možda, smrt će... *(Koštani):* Eh, Koštana, kćeri! De! Ne pesmu, glas samo i svirku. I to onu svirku, kad se pođe na venčanje za staro i nedrago! Svatovi napred, mladoženja ostrag, a Cigani za njim. Pevaju mu i sviraju oni da ga razvesele, a svirka im oštra, oštra te srca kida!... Takva je moja svirka i pesma bila, kad ja pođoh da se venčam: — da više u zelenu baštu ne idem, mesečinu ne gledam, drago ne čekam i milujem — da mladost zakopam! I zakopah je! Sad? Staro drvo. Da, sinko, star sam ali srce mi je toliko mlado, toliko puno skrivane, neiskazivane ljubavi, neizmilovanog milovanja.... Oh, toliko je ono toga bilo puno i željno da će mi mrtvome zemlja večito biti teška. De, kćeri, de još onu: „Nasred sela, šarena česma, bistra voda"... Oh, kamo je sada, da mi ona bistra, rosna, sveža kapne na ovo moje staro, staro već samrtno čelo... *(Hvata se za čelo, grca):* De, kćeri!

KOŠTANA *(peva)*:

More, nasred sela šarena česma tečaše,
Aman, tečaše,
I na česmu dve do tri mome stojašev,
Aman, stojašev.

TOMA *(viče)*: Marko! Nize, duble, dukate!
MARKO *(zabezeknuto)*: A ne to, gazdo!
TOMA *(besno)*: Ćut'!
MARKO *(vraća se i donosi mu nize od dukata).*
TOMA *(prilazi Koštani i vezuje joj nizu oko vrata)*: Na, kćeri. Zlato neka nosi zlato a ne stara suva kost! Pevaj!
KOŠTANA *(nastavlja pesmu)*:

More, dajte meni tuj mutnu vodu,
Da pijem, ago, da spijem...
— More, za tebe ima šarena soba
Da spiješ, ago, da ljubiš.

TOMA: Za mene nema više, kćeri, nema. Nego, dede pevaj!
KOŠTANA *(peva)*:

Triput ti čukna na pendžer,

Mila daskalice...
Stojan-hadži daskalov.

TOMA: Nije to bio Stojan, već sam ja to bio. Ja, Hadži Toma! Za mene je ona pevana.
KOŠTANA *(peva)*:

Ti mi vrata ne otvori,
Mila daskalice...
Toma-hadži daskalov.

TOMA *(kida ostale nize i posiplje je dukatima)*: Na! Na!...
KOŠTANA *(krišom, da Toma ne vidi, sve dukate dodaje Marku što ovaj odnosi u drugu sobu)*.

Ulazi Mitka.

MITKA *(Marku)*: Čeprnje! Kotlove vina! Dizaj tej čaše, tuj srču!
STOJAN *(na vratima; besno, ljubomorno Koštani)*: Ciganka! Ko da više! *(Odlazi.)*
TOMA *(zgranut, prilazi zidu, gde je oružje)*: Ko tamo?! Ko je još gospodar u mojoj kući? On? Zar on još da govori? Pušku! *(Uzima pušku, prilazi prozoru, naperi je.)*
STANA *(iza pozornice, kuka)*: Ne, oco! Slatki oco! Jao!
TOMA *(kod prozora, nišaneći)*: Njega, da... Njega da ubijem.

Ulazi Arsa.

ARSA: Hadži! Ne!
TOMA: Njega, njega...
ARSA *(odvaja ga od prozora)*: Hadži, hadži...

TOMA *(od besa jedva se razabira i upoznaje Arsu)*: A! Ti si!

ARSA *(zabezeknut)*: Ja, hadži!... Brate! *(Vidi Mitka, ustremi se na njega):* Bar tebi! Kući! Bar ti!..

MITKA *(isprsujući se)*: Što, bre, ti sve na mene vičeš?

ARSA: Kući!

MITKA: Šta sam ja? Pseto li sam? Imaš li, bre, dušu, srce? I ja jedanput da se razveselim a ti odmah...

ARSA: Kući!... A žena, deca?

MITKA: Ti me oženi, ti me zarobi! Ti s's mene što iska toj i napravi. I s'g, eto ti gi: i žena i deca!... Ja! Ništa nemam. Nikoga si ja nemam. Aha!...

ARSA *(besno)*: Kući!...

MITKA *(pokunjeno odlazi)*: Hajd, hajd, ti mi... *(Odlazi.)*

ARSA *(za njim)*: Kući pravo! *(Ciganima):* A vi? Zar ste još tu? *(Zamahuje štapom. Salče, Grkljan i ostali ponizno odlaze; za njima polazi i Koštana.)*

TOMA *(Arsi, stajući pred Koštanu)*: Svi! Samo ona ne!

ARSA *(ubezeknuto)*: Hadžijo!

TOMA *(pokazujući na Koštanu)*: Krv će za nju! Šura si mi, brat, rod — dirni je samo, krvnik si mi!

ARSA *(očajno, pokazujući na Tomine sede vlasi)*: Hadžijo! Pogledaj se!

TOMA *(s puškom na njega)*: Hoćeš?...

ARSA *(očajno uzmičući vratima)*: Brate, brate! *(Koštani, u stranu, da Toma ne čuje):* Načini se ti bolesnom. *(Odlazi.)*

TOMA *(sprečava Koštanu da ide)*: A nemoj ti, pevaj!

KOŠTANA: Drugi ću put! A sada i ja da idem. Jer bolesna sam.

TOMA *(iznenađeno)*: A ne... Nemoj, kćeri! Ako te grlo boli, uzmi šerbet, rosu... Biser da ti rastopim, samo da te grlo ne boli.

KOŠTANA *(pokazujući na prsa)*: Ovde, ovde me probada! Da idem!

TOMA *(ubijeno)*: E kad tu... onda je to teško... *(Koštana polazi):* Koštana! *(Prilazi joj grcajući):* Koštana, kćeri, sine... Daj bar... *(Saginje se i miriše joj prsa):* Koštana! Lepoto!... Oooh!

DRUGA SLIKA

Mitkina kuća. — Bašta ispred kuće. U pročelju lepa kuća na dva sprata, sa tavanicama, uresima, balkonom.

Ulazi Mitka, vukući za sobom Salče, Grkljana, Koštanu i ostale.

MITKA *(razdrljen, raspasan, okreće se i doziva ostale svirače sa ulice)*: Čalgidžije! Meteri! Čočeci! Ovamo, bre! *(Dolaze i ostali)*: Ovamo, braćo moja slatka! *(Koštani):* Ti ispred mene.

KOŠTANA *(izdvaja se i seda)*.

MITKA *(ostalim čočecima)*: Vi do njuma, oko njuma. Ali bez dajre... jedno do drugo.

Čočeci se izdvoje, sedaju oko Koštane, milo ponizno.

MITKA *(gledajući ih)*: Takoj! Moj brat katil, moj brat krvnik, moj brat — nikad sreću da ne vidi. Jednako: „kući"... *(Pokazuje na kuću)*: Ete s'g dom sam, kući! *(Seda, vadi i meće ispred sebe jatagan, fes, kesu, muštiklu)*: De, bre... *(Grkljanu)*: Sviri! Da sviriš: kako nigde nikoga nemam. Ni brata, ni tatka, ni majku! Ženu? *(Pokazuje na kuću)*: Eno gu. Od brašno i testo oči vu se ne vidiv. Nigde si ja nikoga nemam! De! Toj da mi sviriš, „moju pesmu" da sviriš!

GRKLJAN *(začuđeno)*: Kakvu tvoju pesmu, gazdo?

MITKA: Moju pesmu!

GRKLJAN *(u čudu, pitajući i ostale pogledom)*: Ama kakvu *tvoju* pesmu, gazdo? Mi nikakvu *tvoju* pesmu ne znamo.

MITKA: I ja gu ne znajem. Samo gu u noć čujem i u s'n s'nujem. A pesma je moja golema: Kako majka sina imala, čuvala, ranila. Dan i noć samo njega gledala. Što na sina duša zaiskala, sve majka davala, a sin — bolan! Porasnaja sin. Došla snaga, mladost... Došle bašče, cveće, mesečina. — Zamirisale devojke!... Sin poleteja. Sve što iskaja, sve imaja. Hatovi, puške, sablje, žene... Koju devojku neje pogledaja, samo njojne kose neje zamrsija i usta celivaja. Nijedna mu ne odreče, nijedna ga ne prevari, a on sve gi celivaja, sve varaja i — bolan, bolan bija. Bolan otkako se rodija. — Toj sam ja!... Pa od t'j bol, jad — dert li je, prokletija li neka — eve na nogu ginem. Idem, pijem, lutam po mejane, dert da zaboravim, s'n da me uvati. A s'n me ne vaća. Zemlja me pije... Noć me pije... Mesečina me pije... Ništa mi neje, zdrav sam, a — bolan! Bolan od samoga sebe. Bolan što sam živ. Otkako sam na svet progledaja, od t'g sam još bolan. *(Seda. Gleda u Koštanu, čočeke, devojčice. Izvaljuje se, da ih bolje vidi):* Eh, deca, deca slatka! Pojte! Puštite glas. Ali čist glas! Iskam da slušam vaš mlad, sladak, čist glas. Zašto, moje se je srce iskubalo, snaga raskomptala, ostarela... Žalno, teško da mi pojete!

KOŠTANA *(sa sažaljenjem)*: Koju, gazda, Mitko?

MITKA: Koju? Eh, Koštana, zar jedna je pesma žalna? Znaš li šta je karasevdah? I toj težak, golem karasevdah! Tuj bolest ja bolujem. *(Pokazuje na sebe):* Eve ostare, a još se ne nažive, još ne napoja' i ne naceliva'... Još mi za lepotinju i ubivanju srce gine i vene! Aha!... Poj, Koštana, kako k'd se od Karakule na Bilaču, Preševo i Skoplje udari. Noć letnja. Šar-planina u nebo štrči, a ispod njuma leglo pusto i mrtvo Kosovo. Drum širok, prav, carski. Po njega se rasipali hanovi, seraji, bašče, česme. Mesečina greje... Martinka mi u krilo, konj, Dorča moj, ide nogu pred nogu, a čalgidžije, što gi još od Bilački han povedešem, peške idev iza mene. Sviriv mi oni i pojev. T'nko i visoko kroz noć i na mesečini sviriv. A iz seraji i bašče, kude mlade žene i devojke oko šedrvan i na mesečini oro igrav, grneta sviri, dajre se čuje i pesma... I toj ne pesma, već glas samo. Mek, pun glas. Sladak glas kao prvo devojačko milovanje i celivanje. Pa taj glas ide, s's mesečinu se lepi, treperi i na mene kao melem na srce mi pada. *(Koštani):* I Koštan, tuj pesmu, to vreme da mi poješ... A toj vreme više ne dođe. Ete za toj ću vreme ja žalan da umrem, s's otvoreni oči u grob ću da legnem. Poj „Žal za mladost"... Za moju slatku mladost, što mi tako u ništo otide, i brgo ostavi. Poj i vikaj gu. Moli gu, neka mi se samo još jedanput vrne, dođe da gu samo još jedanput osetim, pomirišem... Ah! *(Peva):*

Da znaješ, mome, mori, da znaješ,
Kakva je žalba za mladost,
Na porta bi me čekala,
Od konja bi me skinula,
U sobu bi me unela,
U usta bi me ljubila —
— Of, aman, zaman, mlado devojče,
Izgore mi srce za tebe!...

KOŠTANA *(razdragana, sa saučešćem)*: Evo ću i ja, gazda Mitko! *(Peva):*

Otvori mi, belo Lenče,
Vratanca, vratanca...
Sa tvojata desna, bela ručica.

MITKA *(upada, sam sebi)*: Ba... Nikad mi ne otvori!
KOŠTANA *(peva)*:

Da ti vidim, belo Lenče,
Ustanca, ustanca!

MITKA: I nikad gu ne vide!
KOŠTANA:

Ne mogu ti, pile, Mile,
Da stanem, ustanem.
Majka mi je sela, Mile,
Na fustan, na fustan!

MITKA: Majka, prokleta majka! Ona ne dade. I nikada vu ne dade da gu vidim.
KOŠTANA *(još razdraganije peva)*:

Devet godina minaše, džanum,
Otkako tebe ne vidoh
Idi si pitaj majka ti,
Da li te dava za mene.
— Majku si nesam pitala,
Ali sam lošo slušala,
Tatko na majku zboreše:
„Devet još ćeri da imam,
Nijednu Mitki ne davam,
Jerbo je Mitka bekrija,
On pije vino kajmakli,
A i rakiju prvenac,
Na vino vadi noževi,
A na rakiju pištolji".

MITKA *(mračno)*: E s'g me s's tuj pesmu s'svim izede i dokrajisa. *(Sam sebi)*: A jest, istina je... *(Gorko, siteći se sam sebi)*: Istina je. Istina je Mito, crni Mitke, da si bekrija. I toj asli, dibiduz-bekrija.

Samo se po mejane lunjaš, sam puške, sablje, žene. I dokle ćeš? Lipči i crkni bre jedanput! *(Vadi jatagan i okreće ga prema sebi):* More, što da se pa ja ne ubijem?

SVI *(uplašeno)*: Ne gazdo, ne!

MITKA: Što da ne? Kako da ne? Zašto da ne? Zar ja ne znam šta me čeka, što mi je pisano? Da umrem? Toj! Zemlja, crvi da me jedev! Toj! Što da se ne ubijem? *(Potegne jataganom. Uto rupi Arsa, s Policajom i dva-tri pandura.)*

ARSA *(zabezeknuto, ne može da se pribere)*: Ja ću, ja ću da te ubijem! *(Bije Cigane. Svi beže. Arsa zaustavlja Grkljana, Salče. Koštana i ostali odlaze. Salče i Grkljan se zbiju uza zid dršćući preplašeno.)*

ARSA *(predišući od besa, unosi se u Mitka)*: A? Pa sad? A... a? Šta je ovo?

MITKA *(okreće se od njega i ćuti)*.

ARSA: Ustani!

MITKA *(ne diže se)*.

ARSA *(drma ga)*: Ustani! Jesi li živ?

MITKA: Za tebe — ne! Mrtav.

ARSA *(nadnosi se jarosno nad njim)*: Mito, Mito!... Čuj!... Ili ćeš ti, ili ja...

MITKA *(podiže se, malo uplašeno)*: Šta?

ARSA: To! Dosta ja ćutah, trpeh. *(Zagleda se u njega, hvata ga za mintan)*: Zašto, bre, sada takav da si? Zašto raspasan, zašto žut, bled?...

MITKA *(zagledajući se)*: Što mi je? Ništo mi nije.

ARSA: Čuj, Mito. Ili te više *(pokazuje na Cigane)*: s ovima ne nađoh, niti videh u mehani, ili te ja — ja ubih!

MITKA *(diže se, uplašeno)*: Zašto da me ubiješ?

ARSA: Da te ubijem. Hoću. Ubiću te! Ubiću, kao što još onda otac htede da te ubije, kad ti sav novac što ti dadosmo za trgovinu, a ti sve, sve — ne čeka ni tri dana — već sve popi i proloka s Cigankama i po mehanama. Pa tada, kada otac htede da te ubije... *(Koreći sebe)*: Ah, što ga ja tada zadržah, što ga ne pustih da te ubije!...

MITKA *(turobno)*: I on beše kako ti: katil!

ARSA *(plane)*: Otac katil? Ja katil? A ona, majka, što te je od oca i od mene sklanjala, branila, plakala za tobom, i ona je katil, i to najveći, što te je toliko mazila i čuvala...

MITKA *(uzbuđeno, prekida ga)*: Majku, njuma da mi ne spominješ. Ona jedno pogreši, što prvo tebe, pa posle mene rodi, te s'g moram da ćutim, da te slušam, jer si stariji! Toj ona samo pogreši: što prvo tebe, pa posle mene rodi. — A majka je majka! *(Plače)*: Slatka moja majka, da mi je ona živa, zar bi dala, da ti ovakoj s's mene...

ARSA *(uzbuđeno)*: Mito!...

MITKA *(brišući suze)*: Eto toj! Rasplaka me! Slatka moja majka! *(Polazi)*: Još otkad vu sveću nesam zapalija.

ARSA *(zadržavajući ga)*: Kuda?

MITKA *(polazeći)*: Na groblje. Sveću na moju slatku majčicu da zapalim.

ARSA *(odlazi za njim, zadržavajući ga)*: Nećeš tamo, nećeš! Kući ćeš ti! *(Odvodi ga u kuću.)*

GRKLJAN *(ponizno Policaji)*: Aman, gazdo!

POLICAJA *(surovo ih ućutkuje)*: Ćut'!

ARSA *(vraća se; Salčetu, Grkljanu)*: A vi? Zar ste samo vi na ovoj zemlji, te čovek ne može samo vas da umiri? Kome ja i govorih, i pretih, i koga apsih?... Ništa! Zar što ja govorim, to pas laje i vetar nosi? A?

GRKLJAN *(izdvaja se, pada pred njim na kolena i pokazuje na Salče)*: Ja, gazdo — ne! Ona. Ona je nauči i da peva i da igra. Ja ne — ako sam ja što kriv, ovde sam... *(Pokazuje na vrat.)*

ARSA *(Salčetu)*: Govori, veštice! Ti si za sve kriva!

GRKLJAN *(živo, uplašeno)*: Ona je, gazdo! Ona je za sve kriva. E, za tu reč baš ti ovoliko hvala! Ona, još kad Koštan beše mala, dete...

I ona onako malu uči je da igra i peva. I nauči je! Sad, eto, radi nje, svi ćemo da izginemo. *(Ponova hoće da udari Salče po glavi)*: Ona je kriva! Veštica, ona, gazdo...

ARSA: Sve ću ja sad vas... *(Grkljanu)*: Ti ćeš, dok si živ, čaršiju da mi čistiš. *(Salčetu)*: A tebe? Sad, odmah, i to u sahat, u minut ću da obesim, ako za nedelju, onu vašu — *(besno)*: neću da znam ni kako joj je ime! — ne udate. Svadba, novac, sve ću ja da dam. *(Razjareno)*: Neću više za nju da čujem! Odmah!

SALČE *(dipi preneražena, pada pred Arsu)*: Ne to, gazdo...

ARSA *(razjaren)*: U Banju, za Asana! *(Policaji)*: I ti odmah da ideš u Banju, nađi Asanova oca i kaži mu, kaži, da sam mu ja — gazda Arsa — poručio: da u nedelju, ovu, prvu, odmah — čuješ li? — povede svatove, dođe ovamo i vodi nju, tu, Koštanu, i tamo, u Banji, venča je za svoga sina Asana... Jesi čuo?

POLICAJA *(ponizno)*: Jesam, gazdo!

SALČE *(kriči od straha)*: Ne to, gazdo! Ne to, gazdo!

ARSA *(Policaji)*: I ti, kad dođu da je vode, sa pandurima da si tamo! I, ako ona neće, ti — silom! Ako živa neće — mrtvu, pa u kola i u Banju!

SALČE *(vije se, ljubi Arsi kolena, noge)*: Ne to gazdo! Ruku, nogu da ti celivam! Još nije ona za muža! Mlada je, kapka, dete, tek na svet progledalo... Oh, aman, gazdo! Neće ona više da peva!...

ARSA: Živa više — ne! Mrtva može!

SALČE *(vije se, ne znajući šta da radi)*: Ostavi mi je, gazdo, daj mi je! Moje je! Čedo mi je! Odavde mi je, gazdo, odavde! *(Čupa nedra, kosu i lice)*: Odavde, gazdo!

ARSA *(odgurne je, ponova Policaji)*: U zatvor! I kada Koštanu svatovi povedu, samo tad je pusti, da se s njom oprosti. A do tada ni vode, ni hleba, ništa! *(Odlazi.)*

SALČE *(kriči, vijući se)*: Ne, gazdo! Šta učini? Kuku, aman gazdo!

GRKLJAN *(rasplakano)*: Stari smo, gazdo! Za hleb ćemo bez nje da pomremo i izginemo!...

ČETVRTI ČIN

Ciganska mahala. Sniske ograđene kućice. Nigde zelenila već svuda gola, utapkana zemlja, izgoreo ugalj oko nakovnja i tocila, na motkama povešane čerge, istrcani jorgani, prljavo rublje. Iza njih primećuju se vinogradi kroz čiju sredinu vodi širok, prav peskovit drum, iz daljine čuje se svirka svatovca. Docnije na drumu počnu da se naziru kola pokrivena arnjevima i iskićena peškirima. Ispred kola svatovi, banjski Cigani u njihovim belim čalmama oko glave i dugim kolijama. Sve se primiče tiho, sa svirkom svatovca.

Ispred kolibe Koštanine kmet ciganski i Ahmet.
Dotrči Kurta.

KURTA *(radosno)*: Idu, idu, svatovi!
KMET *(uplašen, utišavajući ga)*: Ćutite! *(Kurti)*: Kurto, ti gore, na sokak i pazi! *(Kurta odlazi)*: A ti, Ahmete *(pokazujući na Koštaninu kućicu)*: ovde, pred vratima da si, i čuvaj je!
AHMET *(odlazi iza Koštanine kućice)*.
KMET *(ostaje, i svaki čas viri; čas gleda u Koštaninu kolibu, čas na drum, sa kojega se čuje svirka; hrabreći se)*: Idu, idu svatovi! *(Uplašeno, gledajući na Koštanina vrata)*: Oh, kad će već da je odvedu? Umreh od straha da ne pobegne!

Iz kućice izlazi Koštana.

KOŠTANA: Oh! *(S mukom pridržava se za vrata):* Zar ja tamo? Za Asana, u selo, u Banju? Tamo? I ja njegova, Asanova? *(Besno):* Zar on moj muž? On? Oh! *(Grize ruke. Povodi se. Spazi kmeta, besno pođe k njemu):* Šta ćeš? Koga čekaš? Čekaš da me odnesu, vode? Čekaš da gledaš kako me nose?

KMET *(uplašeno):* Ne, Koštana, ne čekam! Neću da gledam. Nego, ne smem. Gazda, predsednik ubiće mene, ako tebe nema. Pa zato sam ovde. Moram da te čuvam. Ne smem da idem...

KOŠTANA *(besno):* Čuvaš me? *(Stresa se):* Bojiš se da ne bežim? *(Prkosno):* Neću! Evo, neću! *(Seda):* Eto, čuvaj me. Neću ja ništa. Sve hoću! Gde su? Neka me vode! Evo *(pokazuje na sebe):* i tel, i anterija, i libade, i kitajka... sve je gotovo! I srce i oči i snaga, sve za Asana, za selo, Banju! *(Prkosno, klonulo):* Tamo ću ja! *(Kida se rukama):* Oh, tamo i oči da iskopam, kožu da oparim, snagu da osušim. *(Kida sa sebe odelo, lice, kosu.)*

KMET *(odstupa preneražen):* Ne, bre, Koštana! Ne toliko! Evo idem! Ali ubiće me predsednik ako te nema!... Ali opet idem. Samo ti nemoj toliko! A i Asan, dobar je — bogat je.

KOŠTANA *(poklapa lice rukama):* Asan je.

KMET: Pa i on je čovek! *(Odlazi.)*

Čuje se bahat i sjahivanje konja. Ulazi Stojan.

STOJAN *(iza sebe Marku, dajući mu dizgine i pušku):* Drži konje i čekaj! *(Prilazi Koštani. Posrće od radosti):* Košto, brzo! Hajde!

KOŠTANA *(trza se):* Ti?

STOJAN: Ja! *(užasnuto):* Što me gledaš tako? Hajde! Brzo!

KOŠTANA: Kuda?

STOJAN: U svet, da ti mirišem kose, gledam oči, slušam glas, pesmu... Tebe samo!

KOŠTANA *(zaradovana)*: Eh, zar me baš toliko voliš?

STOJAN *(zaneseno)*: Sve prežalih! I oca, mater, kuću! Hajde! Konji čekaju. Jedan za mene, drugi za tebe! I gde vidimo, tamo ćemo *(ljubomorno)*: samo ja i ti! Niko više!

KOŠTANA: Stojane!

STOJAN *(ljubomorno)*: Tebe, tebe samo! Da samo ja slušam tvoj glas, gledam tvoje oči, lice, snagu... Ko te samo pogleda, krv mu ispih!

KOŠTANA *(rasejano, neugodno)*: Da... niko...

STOJAN: Niko! Ni Gospod! Ni otac, ni Mitko, ni predsednik, a kamoli Policaja i panduri... Ko te pogleda, samo te vidi, reč ti kaže — toga je majka u crni povoj povijala! *(Besno)*: Zubima ću da ga rastrzam!

KOŠTANA *(odsečno, neugodno)*: Neću!

STOJAN *(zabezeknut)*: A?

KOŠTANA *(odlučno, zlovoljno)*: Neću! Zašta, kuda da bežim?

STOJAN *(posrće k njoj i vadi nož)*: Zar me ti ne voliš?

KOŠTANA *(uplašena, moli)*: Ne, Stojane! Ne ubij me! Ljubim te i molim! Nemoj! Bolna sam! Ne smem! Ne mogu! *(Krši ruke)*: Oh, šta ja mogu? *(Zlovoljno)*: Ja, Ciganka! U Banju, u selo, tamo je moje! Tamo, na mokru zemlju, na goli kamen da sedim, da se sušim, da ginem, venem!... A kod tebe? Neću, ne smem...

STOJAN *(zaneseno, isprekidano)*: ... „Na goli kamen... da sedi, vene, gine... Ne sme... Neće... Ne može...''

KOŠTANA: Neću! Ne mogu! Kod tebe! Zar samo kod tebe? I samo hadžiju, oca tvoga i majku tvoju da dvorim i da služim? Da pred njima klečim i noge da im perem? Iz sobe da ne iziđem, već samo da sedim, ćutim, trpim? *(Izvan sebe)*: Oh! A kad noć padne, mesečina dođe, san ne hvata, oko se raširi, snaga razigra... šta onda?... Zar da se ne mrdnem, iz sobe ne iziđem, već samo tu da sedim, ćutim, gledam u mesečinu... A noć duboka, mesečina ide, greje, udara u čelo, glavu... pali... Šta onda? *(Odlučno):* Oh, neću! Ubij me! Neću! Evo, ubij!

STOJAN *(odbija je rukom)*: A ne! *(Posrće, hvata se za čelo):* Ih! A ja nju toliko voleo! I majku, oca, kuću bacio, samo nju gledao, na nju mislio!... A ona! *(Slomljeno viče Marku):* Marko! Idi i obraduj majku i kaži joj: *beše moje! (Koštani):* A ti? Kaži mi, da li si me bar kadgod volela, te da znam zašto ću da venem?

Larma, svirka svatovca jača. Čuje se krckanje kola, bat nogu.

STOJAN *(naginje se nad Koštanom)*: Kaži mi!
KOŠTANA *(besno)*: Nisam! Nikoga nisam volela! I nikada neću da volim!
STOJAN *(ubijeno)*: Oh! *(Odlazi.)*

Ulazi Policaja.

POLICAJA *(na ulazu, onima iza sebe)*: Dajte kola! Brzo! A ona? Ako samo pisne, kamdžijom ću kajiše s leđa da joj skidam! *(Ka Koštani):* A, gotova si? Hajde!
KOŠTANA *(ne gledajući ga)*: Gotova!
POLICAJA *(zamahuje kamdžijom)*: Ćut'! Sad ti kožu oderah! *(Viče):* Dajte kola!

Ulaze kola, panduri, Cigani, svatovi, sa svirkom.

KOŠTANA *(stresa se).*
POLICAJA *(Koštani, pokazujući joj kamdžijom na kola)*: Hajde!
PANDUR *(Policaji)*: Policajo, čekaj, sad će Salče, njenu majku, da dovedu, da se s njome oprosti.

KOŠTANA *(dršćući od straha i posrćući polazi u kolibu)*: Čekaj, čekaj da uzmem bošču... Oh! *(Ulazi u kolibu.)*
POLICAJA *(ide za njom i staje na vrata od kolibe)*: Samo brzo!

Dolazi Mitka.

MITKA *(peva)*:

Mehandži, more, mehandži,
Donesi vino, rakiju,
Da pijem, da se opijem,
Dertovi da si razbijem.

MITKA *(kad vidi kola, svatove, svirače, rukom ih zaustavlja)*: Stoj! Stojte!
POLICAJA *(uplašeno Mitki)*: Ne, gazdo. Šta ćeš sad da radiš?
MITKA *(zaustavlja)*: Stojte! Kuda?
POLICAJA *(uplašeno, ponizno)*: Šta ćeš da radiš, gazdo? Nemoj, gazdo! Pijan si!
MITKA *(poteže jataganom na Policaju)*: Nesam, bre, pijan! Nego — srce mi se iskubalo. Ništa neću da činim. *(Pokazuje na Koštanu)*: Došeja sam da gu darujem.

Policaja, panduri, kola, povlače se ponizno ispred Mitka.

POLICAJA *(jednom panduru)*: Trči i zovi predsednika! *(Pandur odlazi.)*
KOŠTANA *(istrči, i izvan sebe od radosti, razdragano, prilazi Mitki)*: Ti? Hvala! Aman! Oh, gazdo! Ne daj me, slatki gazdo! Ruku, nogu! *(Ljubi ga u ruke, saginje se i grli mu kolena.)*
MITKA *(zaustavlja je)*: Ne!

KOŠTANA *(trudeći se da mu noge celiva)*: Ako! Samo me ti ne daj, pa i zemlju gde ti stupneš i to ću da celivam. *(Očajno):* Ne daj me, slatki gazdo! Vodi me tamo!

MITKA *(gleda je pogruženo)*: Kude, Koštan?

KOŠTANA *(očajno širi ruke napred)*: Tamo! Tamo!

MITKA *(bolno, pogruženo)*: I tamo zemlja i ovde zemlja!

KOŠTANA *(izvan sebe od očajanja, širi ruke više sebe, na sve strane)*: Tamo! Tamo!

MITKA *(pokazujući više sebe, na nebo)*: Zar gore? Gore je visoko, a dole tvrdo.

KOŠTANA *(hvata se za glavu)*: Oh!...

MITKA *(iz dna grudi)*: To je, Koštana! Pisano! Suđenice ti dosudile. *(Pokazuje na kola, svatove):* Ete, došli ti, da te vodiv, da se venčaš. I, će ideš, će se venčaš. Svirke će ti sviriv, pesne će da ti pojev. Svi će da ti se radujev. Mladoženja će te celiva a ti će plačeš! I prva noć plakanje, druga noć plakanje i cel vek plakanje...

KOŠTANA *(grca)*.

MITKA *(nastavlja)*: I od rabotu ruke će ti ispucav, lice će ti pocrni, oči će ti se osušiv... Će prosiš, pa će se raniš!... Srce će da ti se iskida...

KOŠTANA *(stresa se)*: Dosta! Nemoj, gazdo!

MITKA *(zavaljuje se, gorko)*: Toj je! Zar ja ne znajem šta ide! Ide, Koštan, jesen, dom, kuća, brat moj, m'gla, i grobje... Toj ide. Tam ću i ja! I Koštan, k'd čuješ da sam umreja, sluzu da ne pustiš. Niko da me ne žali! Zašto, ja sam samoga sebe, za život moj živoga ožalija i oplakaja.

KOŠTANA *(plače)*.

MITKA *(ganuto, prilazi joj)*: Nemoj da plačeš. Sluza ne pomaga! *(Kleče do nje i diže joj uplakanu glavu)*: Slušaj, batka šta će da ti zbori: Batka dete neje. Batka je mlogo videja, mlogo preko svoju glavu prefrljija. *(Pokazuje na zemlju)*: Odavde, Koštan, po tamo —

nema! I cel vek to je! Zar se ja ne podavah, ja ne držah? Aja! Moj brat, da me je na paran-parče sekao, pa opet, ne bih mu se podaja. Ali pošto on moli i vika: ili da ga ja ubijem, ili da ga više po mehane ne sramotim i ne rezilim — e s's tuj njegovu molbu — zakla me. Ja, Koštan, u moj život još brobinjka nesam nagazija, a kamoli na brata ruku da dignem. Brat je brat! Jedno mleko smo sisali od našu slatku majčicu. I, bolje ja, nego on! Više u mehanu — ne! Vino — ne! Pesna — ne! Dom, uz ognjište! *(Barata po pojasu, tražeći kesu s novcem)*: I, s'g Koštan, ostaj mi s's zdravje! Srećan ti put! Putuj! I ja će da putujem! Doma ću, kući... I, živ iz njuma nećem da iziđem. Mrtvoga će me iznesev... Aha, kamo batka da mi te daruje. *(Vadi iz kese novaca.)*

Pojavljuje se Policaja s pandurima.

POLICAJA *(ponizno, uplašeno Mitki)*: Gazdo, hajde!
MITKA: Čekaj, bre!
POLICAJA: Noć ide.
MITKA: Tvoja će noć da s'mne, a moja ne. Čekaj! *(Policaja sa ostalima se povlači; Mitka diže Koštanu, rasvešćuje je)*: Ajde, Koštan! Digni se, rasvesti! Ajde, svatovi te čekav, mladoženja te čeka. Digni se! Ne plači! Sluzu ne puštaj! Stegni srce i trpi! Bidni *čovek;* a čovek je samo za žal, za muku zdaden! *(Diže je, a suze mu teku, kaplju po rukama)*: Ajde! Idi!
KOŠTANA *(podiže se uplakana)*: Kuda?
MITKA: Zar mene pituješ kude će ideš? Zar ja da ti kazujem? Kude? Eh kude ja, tuj i ti. Ja u moj dom, ti u tvoj! Ti plači, i ja će plačem... Tebe čeka: koliba, čerge, kučiki i prosenje; mene — kuća, ognjište, pepel, dim, žena zasukana i s's testo umrljana. *(Približavaju se kola, svatovi. Mitka vadi novac i daje joj, reda po čelu, licu)*: Da te darujem, da ti dam... Da ti dam bele pare za crni dni. A crni dni

ti dođoše! *(Pokazuje na kola, svatove):* Eto ti gi! Sviriv! Radujev ti se. *(Besno, sviračima):* Svirite, bre! A s'g, hajde, ostaj mi s's zdravje! Zbogom! I ćuti, ne tuguj, ne plači! *(Pogruženo odlazi.)*

POLICAJA *(obradovan odlaskom Mitkinim poleti besno ka Koštani)*: Penji se, jer sada ću kamdžijom parčad kože sa leđa da ti kidam. *(Pandurima):* Unosite je u kola.

KOŠTANA *(besno, gordo odbija od sebe Policaju, pandure)*: Sama ću! *(Polazi kolima.)*

Utrči Salče.

SALČE *(sva uplakana, usplahirena, grli i ljubi Koštanu)*: Čedo, čedo... Odvedoše mi te!
KOŠTANA *(odgurne Salče)*: Ćuti, stara. *(Penje se u kola.)*

Salče ostaje onesvešćena na zemlji. Koštanu u kolima opkoljenu pandurima, svatovima i sa svirkom odvode drumom, koji vodi za Banju i pri čijem kraju i sama se Banja nazire puna dima, magle i pare banjske.

TAŠANA

(komad iz vranjskog života s pevanjem)

LICA:

MIRON, nekadašnji drug Tašanin, a sada varoški sveštenik
HADŽI RISTA, prvak hadžija, pobratim Tašaninog svekra
ČORBADŽI MLADEN, otac Tašanin
SAROŠ, muhamedanac, prisni drug Tašaninog pokojnog muža
PARAPUTA, prosjak, blesast, polulud, takozvani „božji čovek"
MANE, grk, kafedžija
ARSENIJE, klisar Mironov
BEKČE, otmeniji prosjak-pijanica
JUSUF BEG, REŠID BEG, DŽAFER BEG, AHMED BEG,
drugovi Saroševi
DVA DEČAKA Tašanina
MITA, unuk Tašanin
DIMITRIJE, momak kod Tašane
JOVAN, novi momak kod Tašane
KOSTA, RISTA, TREĆI MOMAK, kafanski momci
SELJAK-ČIVČIJA
TAŠANA, bogata udovica
KATA, mati Tašanina
MARA, unuka Tašanina
NAZA, vođ čočeka
STANA, sluškinja Tašanina, gospodarice nad ostalom poslugom

Hadžije, bratstvenici, čočeci, lautari, Turci, narod, dečaci i devojčice, sluge i sluškinje. Dešava se u Vranju 1850—80.

PRVI ČIN

Soba velika i prostrana, ali sa navučenim zavesama kroz koje jedva prodire svetlost. Po rafovima skupoceni sahani i drugo posuđe od srebra i zlata. S desne strane ulaz. Ulazi se stepenicama. Na levoj strani su vrata od spavaće sobe, a sproću, na istoj strani gde je ulaz, još jedna manja vrata, koja vode u druge sobe. Na zidovima obešeno oružje: jatagani, puške, pištolji, razni bičevi i kamdžije. U dnu, jedan do drugoga, dva široka, pokretna prozora, kroz koja se izlazi na balkon, i kroz koja se vidi celo dvorište patosano kaldrmom, pa i sama kućna kapija, dvokrilna, na svod, kao i ostale zgrade oko nje: kujne, štale, ambari. Vidi se čak i preko kapije suprotna strana ulice sa poređanim kućama, baštama. Po dvorištu promiču senke ljudi, seljaka, slugu, čivčija, kako po ambarima nose na leđima džakove kukuruza.

U sobi je sluškinja Stana sa dvema sluškinjama. Stana uza zid klekla i pušeći nadgleda šta ove rade. Jedna briše i čisti rafove nameštajući posuđe, druga jastuke i ćilime po podu i minderluku.

Iz dvorišta se čuje larma. Senke ljudi, slugu, sve više promiču noseći džakove.

Ulazi seljak sa kotličetom.

SELJAK *(Stani, pokazujući kotliče)*: Stano, sal još jedno kotliče vino da ni daš!

STANA *(i ne gleda ga).*

SELJAK *(navaljujući)*: Sal još jedno. I to od onoj što je još pokojni gazda pio.

STANA *(ne gledajući ga)*: Dosta vam je. Nema više. I sada ste već pijani.

SELJAK *(uvređeno)*: Ko? Mori će pijemo cel noć, pa će opet sav pos'o da svršimo. Unećemo sav mumuruz; čak i onaj što će se noćas doneti s čifluk, i njeg, i njeg ćemo unesemo u ambarove. Sal ni ti još jedno kotliče daj.

STANA *(odsečno)*: Nema, i sada ste već pijani.

SELJAK: Pa i ludog Paraputu napojiste i naraniste, a nas, čivčije, nećete.

STANA: Posle kad večerate, tag će još da dobijete, a sag nema.

SELJAK *(polazi prkosno)*: More, što opet ja tebe pitujem. Idem si ja sam da si natočim. Šta mi ti tu: te ovo, te ono. Kao da ja ne znam gde su bačve! I kao da smo mi, dok je bio živ i stari i mladi gazda, katkad odavde odlazili trezni. Kao da sam ja od jučerke ovdek, te ne znam kako se ovdek jede i pije... Idem si ja da si natočim, šta mi ti tu...

STANA: Nažderite se! Nikada drugo i ne radite. Oduvek ste takvi. Oduvek, kad god ovamo dođete, da vam je samo da se najedete i napijete. Je li ovde neki han, mehana, ili kakva — bože me prosti! — crkva? *(Sluša. Čuje se izdaleka, ali jako zvonjenje zvona):* Zar već zvona? Već večernje, već da se ide na groblje?! *(Sluškinjama):* Ostavite to pa se brzo obucite da nosite na groblje šta treba da se podeli za pokojnog gazdu.

Sluškinje odlaze.

Iz spavaće sobe izlazi Tašana. U najboljim godinama. Kao svaka, veoma rano udata, a jednako negovana, tek sada, posle muževljeve smrti, puna sazrele lepote. Obučena raskomoćeno, dosta aljkavo; sa jedva povezanom kosom, tek malo ovlaš zakopčanim mintanom iz kojega joj se otimlju prsa, gojna pleća. Ide, ali usled te svoje nabrekle snage ne sme čvrsto da staje. Zato ide brižno, malaksalo.

TAŠANA *(s dosadom Stani, pokazujući na dvorište i graju)*: Šta je to tamo? Opet čivčije?
STANA *(prilazi joj nasmejano, užurbano)*: Ništa, ništa, snaške! Znaš ti njih, oni kad god dođu i donesu berićet, onda da im je samo što više da jedu i piju, i jednako traže: „daj kotliče, daj kotliče".
TAŠANA *(ravnodušno)*: Neka ih. Je li dolazio ko?
STANA: Niko, snaške.
TAŠANA: Ni otac?
STANA: A, on? Bio je, ali sa Hadži-Ristom. Zajedno dođoše i pregledaše koliko su čivčije kukuruza doneli, i onda odoše. Valjada će opet da se vrate. Naročito Hadži Rista. Znaš da on ne propušta, a da svake subote ne dođe, ne obiđe i vidi tebe, decu.
TAŠANA: A majka nije dolazila?
STANA: Nije. Nije ni ona.
TAŠANA: Nikoga...
STANA: Nego hajde, snaške, hajde da se obučeš. Nemoj da si takva, i da te takvu sad ko zatekne.
TAŠANA *(odbija rukom)*: A, neka to.
STANA *(s navaljivanjem, čuđenjem)*: Kako, snaške? Red je. Znaš da može, uoči nedelje, ko naići, i onda zar da te takvu nađe? Eto, Hadži Rista tek što nije došao. Bar za njega znaš. On godinama, to se zna, to je njegovo: da je ovde, da dođe, posedi, razgovori se... Tako je još s pokojnim starim gazdom, s kojim je zajedno i na hadžiluk išao, tako i sa mladim gazdom, pa evo i sada posle njih. Zna se to. Čak se zna kakvu će kafu, koju rakiju, i od nje koliko čaša popiti. Eno ja sam *(pokazuje na dvorište, kujnu)*: već to sve spremila. I kad znaš, onda?
TAŠANA *(prekida je, s dosadom)*: Znam to, Stano, znam. Dobro, hajde donesi mi odelo.

STANA *(izlazi i donosi odelo).*
TAŠANA *(sa istom onom dosadom, malo se pokreće, da bi je Stana mogla što bolje odenuti).*
STANA *(oblačeći je, nameštajući je, diveći joj se)*: E, lepa si mi, snaške!
TAŠANA *(neugodno)*: Ćuti, Stano!
STANA *(ne slušajući produžava da je namešta, udešava uživajući)*: Lepa, lepa si mi, snaške! Pravo je imao moj pokojni mladi gazda što, mesto tolikih hadžijskih i gazdinskih kćeri, tebe uzeo. Koliko puta, kad stanu da mu govore i ne daju da uzme tebe, on, ako je toga dana još i tebe video gdegod, na kakvoj kapiji, kroz kakav prozor, on se onda od derta zapije, i duboko u noć dođe kući. Ja ga dočekujem, nameštam mu postelju, izuvam, a on odjednom počne kao da pita mene, kao da mu ja dam savet: „Lepa li je, Stano?" — „Lepa je, gazdo!", odgovaram ja. — „Da je uzmem, Stano?" — „Uzmi je, gazda!", velim. — „Mnogo je lepa!", sam sebi odgovara. I tako s tobom, s tvojim imenom na ustima uspavljuje se, brzo navuče jorgane na glavu i zaspi. *(Odmičući se od Tašane, gledajući je):* I sada evo, zaista lepa, lepa si mi, snaške!
TAŠANA: Ostavi to, Stano! Nego hajde što pre sa tim oblačenjem.
STANA *(nastavi oblačenje, ispravlja, namešta joj bore na šalvarama, anteriji).*

Čuje se bat nogu. Zvek brojanica i kašljanje.

TAŠANA *(Stani)*: Idi vidi.
STANA *(odlazi i vraća se)*: Hadži Rista.

Ulazi Hadži Rista. (Star, suv i sitna lica u debeloj koliji; širokih, čohanih čakšira i plitkih cipela sa dugim, masnim brojanicama.)

TAŠANA *(ide u susret, i ljubi ga u ruku).*
HADŽI RISTA *(Tašani)*: Živa bila, živa bila! A gde su deca? Hoću, po običaju, da ih poljubim i darujem. *(Polazi dečjoj sobi.)*
TAŠANA *(prati ga).*
HADŽI RISTA *(vraća se iz dečje sobe mećući u nedra kesu iz koje je decu darivao; Tašani)*: Kako ti? Dobro? *(Brižno)*: A deca, jesu li zdrava?
TAŠANA: Jesu. Samo mi onaj mali kao uvek jednako pomalo bolešljiv.
HADŽI RISTA *(uplašeno)*: To da se gleda! Odmah da se vidi šta je. Samo deca neka su zdrava. A kako berićet, čivčije, seljaci, i sluge? Slušaju li?
TAŠANA: Slušaju!
HADŽI RISTA: Vidim da već donose kukuruz. Da li su sve doneli što se obralo po čivlucima?
TAŠANA: Ne znam, hadži.
HADŽI RISTA *(uvređeno)*: Treba da znaš, kćeri! Drugih godina ovde se donosilo po sto, dvesta, i više kola... a sada da je manje...
TAŠANA: Ne znam. Možda se opet toliko donelo. Samo otac to zna. On o tome vodi brigu.
HADŽI RISTA: I otac ti, i on treba da zna: da ne bude manje, da seljaci, čivčije, ne kradu, jer ne sme da bude manje! *(Pauza.)* Pa kako ti, Tašana?
TAŠANA: Dobro, dedo...

Ulazi Stana noseći posluženje od kafe i dve male čašice rakije.

HADŽI RISTA *(Stani)*: A, Stano, ljut sam na tebe!
STANA *(iznenađeno)*: Zašto, dedo?

HADŽI RISTA: Tako, ljut sam. Prolazim pa vidim: te ovde kukuruz istovaren, te onde prosuto, onde bačeno, ostavljeno... Kako ti to da ne vidiš? Ti si bar odavno ovde. *(Pokazujući na Tašanu)*: Ako ti snaške ne zna, od skora je, ne pamti kako je ovde, a i možda nema kada, jer ima decu da gleda i njih da pazi; onda ti, ti bar znaš, ti bar treba da znaš...

STANA: Pa znam, gazda! Gledam ja, čistim, radim...

HADŽI RISTA: „Radiš". I opet da radiš, a ne samo da gledaš, već da radiš. Sve da je kao što je i bilo. *(Pokazuje iza sebe uokrug)*: I bašta, i šedrvan, i drveće, i avlija, i cela kuća. Ti bar znaš kakav ja imam amanet. Ti znaš kakav mi je amanet ostavljao kad umiraše stari ti gazda, a moj pobratim. Znaš li?

STANA: Znam... oh, bog da ga prosti!

HADŽI RISTA *(već naljućen)*: Pa kad znaš, šta onda?

Ulazi klisar crkveni.

ARSENIJE KLISAR *(Tašani)*: Gazdarice, poslao me deda-popa, i veli: ako je toliko prešno on će odmah, čim svrši večernju, doći; ali, ako nije prešno, onda drugog dana.

TAŠANA: Kaži: prešno je, i moli ga, moli neka dođe.

HADŽI RISTA *(Tašani unezvereno)*: Zašto je prešno da dođe? Da nije bolest? Deca da nisu što?

TAŠANA: Pa nešto ga i za decu zovem, a najviše za pokojnika, za groblje. Zovem ga da ga pitam kad pada, kad treba trogodišnji parastos u pokoj duše da dam.

HADŽI RISTA *(zaradovan odobrava)*: A za to: za parastos, podušje, za groblje ako, kćeri! Za to ga zovi, pitaj. I njega, dedu, popa našega, duhovnika našeg, za svašta zovi, za svašta pitaj, jer on to sve zna. A sada i ja idem. *(Spazi posluženje)*: A, ja! Daj, Stano!

STANA *(prinosi mu)*.

HADŽI RISTA *(stojeći ispija kafu i uzima čašicu rakije i spram svetlosti, na zraku, gleda je; Stani)*: Je li ovo od one rakije što je ja pijem?
STANA: Jeste, jeste. Ta je.
HADŽI RISTA *(ispija na dušak i polazi)*: E, sad zbogom.
TAŠANA *(zaustavljajući ga)*: Sedi, sedi, dedo.
HADŽI RISTA: Da idem. Sutra, posle službe, opet ću navratiti da vidim decu. Tebe, a i te čivčije. Da vidim koliko će berićet doneti, kako donose, kako zbiraju i slažu u ambarove. Da ne misle, ako su im gazde pomrle, da oni sada mogu kako hoće. Zbogom! *(Prašta se.)*
TAŠANA *(ljubi ga u ruku, i ispraća do izlaza)*.
STANA *(ponizno mu ostrag ispravlja i čisti koliju)*.

Ulaze sluškinje sa velikim, pokrivenim korpama, punim jela, ponuda, što će na groblje nositi i u pokoj duše razdavati. Sve to meću pred Tašanu i otkrivaju pokazujući joj što su ponele.

PRVA SLUŠKINJA: Eve, snaške, sve je poneseno. Nije ništa zaboravljeno. Evo i sveće, i tamjan, i kadionica.
TAŠANA *(pošto pregleda)*: Dobro, dobro. *(Stani)*: Stano, jesi spremila dečje cveće?
STANA *(pokazujući glavom na dečju sobu)*: Jesam, jesam. Njihovo je cveće tamo kod njih. Deca ga uzela.

Tašana odlazi i vraća se vodeći dva dečaka koji nose kite cveća. Dovodi ih do korpi.

TAŠANA *(pokazujući deci gde će cveće metnuti)*: Tu, metnite tu. To je pozdrav tati od vas.
DECA *(meću)*.
TAŠANA: Tako, sada idite. Sada ste pozdravili vašega tatu.

STANA *(odvodi decu)*.
TAŠANA *(sluškinjama)*: A sada idite vi. Samo brzo, da na vreme stignete na groblje!

Sluškinje sa korpama odlaze. Tašana ostaje sama.
Mrak pada. Stvari, rafovi, oružje, sve se jače crni, ispoljava i tone s mrakom.

TAŠANA *(uplašena mrakom, samoćom, hvata se za čelo, viče)*: Sveće, Stano! *(Pauza)*: Stano! Stano!

Ulazi Kata.

TAŠANA *(besno materi)*: Gde si, mori, mati?
KATA *(začuđeno)*: Pa tu sam, sinko!
TAŠANA *(unezvereno, ljutito)*: Kako tu? Svi ste vi tu. I ti tu. I otac tu, a nigde vas nema. Ostavite me tako samu, pa...
KATA *(iznenađeno)*: Kako: ostavili te samu? Pa ti si ovde u svojoj kući, i kako onda da si sama?
TAŠANA *(nastavlja)*: Da, ostavite me samu. Ti u dva-tri dana ako navratiš, a otac, i kad dođe, sve tamo, na dvorištu, po ambarima, štalama, sa momcima, čivčijama, a ja sama ovde po kući, po pustim sobama, niko da diše pored mene a ovako od straha da...
KATA *(u čudu)*: Luda li si?
TAŠANA *(gorko, s nasladom)*: Jest luda, da! Oh, kamo da sam sasvim luda, sasvim mrtva, te bar onda da ništa ne vidim, ništa ne znam...
KATA *(prilazi uplašeno)*: Ama kako: „luda, mrtva, da ništa ne vidiš"? Šta ti imaš da gledaš ovde, i od čega da strahuješ?! Šta je to, kćeri?

TAŠANA *(okreće se od matere)*: Ništa. Ostavi me. Ne znaš ti. Svi vi tako. „U svojoj si kući, svoja si gazdarica", a opet svaki na svoju stranu, svaki sebe gleda, a samo ja ovde jednako sama, jednako pusta, pa da se izludi!

KATA *(preneraženo, uplašeno, prilazi joj)*: Kako da se izludi, čedo? Kako da si sama? Pa eve tu sam ja! Ja bih ti svaki dan dolazila, ne bih te ostavljala; ama onaj stari, tatko ti, ne da. Viče: što da svaki čas i svaki dan tebi dolazim, te da počne svet govoriti: kako, eto, zet umro, pa sad tašta iz kuće ne izbija; ne može da se najede i napije. A ti, i bez nas opet nisi sama. Eto: sluge, momci, toliki svet. Da je druga na tvome mestu, bila bi srećna, ponosila bi se, a ti... *(Potreseno)*: Bože, čedo! Bože, Tašana! Kud tamo, kod kuće, nisam na miru od onog starog, oca ti — znaš ga kakav je: ni za šta, ma šta da je, odmah on kuću digne, mrtve na miru ne ostavi od vike i psovke — a ono i ovde kad kod tebe dođem... Nikad da tebe zateknem veselu, sve nešto tako. I vi svi na mene, kao da sam ja za sve kriva, da do mene stoji! Zar sam ja htela da tako bude, da zet, pokojnik, rano umre, a ti da ostaneš udovica, u crno da se zaviješ, da tolike godine iz kuće ne izlaziš, da svet ne gledaš, da tužiš i plačeš. *(Plače)*: Ja li, tvoja majka, tebi to u inat učinih?

TAŠANA *(obesne se o nju, plače, gura glavu u nedra)*: Nano, nano! O ne znaš ti, nano moja!

KATA *(miluje je)*: Pa kaži, čedo, kaži nani svojoj!

TAŠANA: Ne znam. Samo znam da ne mogu više. Ne mogu više da ovako izdržim. Oh, izludeću od straha.

KATA *(sasvim preplašena od Tašanina izgleda, pojuri vratima)*: Kako strah? Od čega te strah? Ama šta je to? *(Viče)*: Stano!

Ulazi Stana.

STANA: Evo me.

KATA *(ljutito, prekorno, pokazujući na Tašanu)*: Šta je ovo, Stano? Zašto da mi pa ti ne javiš da je ona toliko bolna i ovakva?

STANA *(siteći se i pokazujući na Tašanu)*: Bolesna, ja! A što po tri dana ništa ne okusi, to ti ne govori?!

KATA: Ama da vi tamo s momcima noću dugo ne sedite; i možda po kući lupate i larmate, te se ona ovamo s decom od toga trza i plaši?

TAŠANA *(neugodno, s dosadom zaustavlja mater)*: Oh, ne to. Ta nije to. Ne znate vi. *(Ostavlja i mater i Stanu i ide, izvaljuje se na minderluk do prozora)*: Ostavite me, ostavite me. Bolesna sam.

STANA *(Kati)*: Zgotovim najlepše, najbolje jelo, i donesem joj; molim je: uzmi, jedi. Dao bog, ima šta joj duša zaželi. I velim joj: jedi, pij, okrepi se, i izađi! Eno *(pokazuje na baštu)*: kad god je lepo, a osobito kad je leto, kad sunce zažeže i žega pritisne, tamo je hladovina: šedrvan bije i voda prska po licu, i onda ja tamo iznesem: i jastuke i ćilimove i vodu i ratluk. Sve udesim i razmestim onako kako je još pokojni gazda uživao, pa samo da ona siđe s decom, i tamo sedi, raskomoti se; ali ona neće. Pa koliko puta joj govorim: neka i iz same kuće izađe, neka se prošeta, razonodi. Neka ili sama, ili s decom, pođe kao da ide na groblje. I ne mora tamo ići. Ili, ako se baš zaboravi i pođe do njega, pa čak ode na samo groblje, opet tamo ne mora, kao uvek, da plače i kuka. Može se neki put i onako, jer, ako je za vajdu, dosta je. Ali ona ni to, ništa neće. I, kad neće, mora da je bolesna; nego čudo mi je kako je jošte i živa. *(Ljutito, uvređeno odlazi.)*

KATA *(Tašani prekorno)*: E, e, zašto, Tašana, zašto, kćeri, tako?

TAŠANA *(ustaje, a već tresući se od pomisli na dobra jela, pića)*: Da, da, još i to: dobro jelo, dobro piće. Meni i ovo je suviše, pa još i to mi treba. I onda ne bi tek moglo da se zaspi, da se noć provede mirno, i da se sasvim ne izludi, pobesni od straha. *(Šeta se, sama sebi)*: Da, „jedi, pij, dobro se hrani", a ovamo, samo groblje, samo pokojnik. Ako uzdahneš — pokojnik; ako udišeš, što god pomirišeš

— opet sve na pokojno, na mrtvo. Svuda oko tebe samo pokojno, mrtvo, i ja pokojna, i mrtva, a ovamo još dobro da se jede, pije...

KATA *(uplašeno, sa strahopoštovanjem)*: E, za to „pokojnik", „groblje", znaš, čedo, ja za te stvari ne smem da se mešam. Da li treba još kakva molitva, još kakvi parastosi, podušja, za sve to treba dedu, kaluđera, da pitaš. Niko od nas ne sme u to da se meša. Jedino on to sme. Što njega ne pitaš, što njega ne zamoliš i pozoveš?

TAŠANA *(ljutito)*: Zvala sam, toliko puta sam ga zvala.

KATA: Pa?

TAŠANA: Neće! Nikako ne dolazi. Eto i sad sam ga zvala, pa kao uvek, samo se izgovara... Mučno da će i sada doći. Neće.

KATA *(ubijeno)*: „Neće", čedo? Eh, znam i zašto neće. Boji se, jer zna kakav je svet: da dobro zaboravlja a zlo pamti, pa se boji, ako počne kod tebe da dolazi, da ne počnu zli jezici...

TAŠANA *(razrogačeno)*: Kako „zli jezici"? Zašto „zli jezici"?

KATA *(odmahuje rukom; više za sebe)*: Ne znaš ti, čedo! Svet, on, taj svet, za drugo ništa i ne zna, već samo zna i pamti ono što je nekad bilo: kako je deda, kaluđer, bio naš komšija, pa s tobom odrastao, posle te tražio, prosio, pa kako te tatko ne dade za njega a on, tobož zbog toga, otide u svet. Toliko vremena nije se čulo za njega, niti znalo gde je. Čak se mislilo da je i umro, dok on, eto, otišao u kaluđere i posle dođe ovamo za popa i dedu. Pa sigurno sada, da ga ne bi svet ogovarao, kad ga vidi da dolazi ovamo, zbog toga ti i ne dolazi.

TAŠANA *(plače)*: Pa zar sam i za to ja kriva? I kad si ti to znala, što mi nisi kazala, da i ja znam, da onda čoveka ne zovem, ne dosađujem mu? *(Od jeda ne može mater da gleda)*: Ama, svi vi tako! Svi vi znate. Znate i što treba i što ne treba, a ovamo kod mene kad dođete, ništa ne znate, ništa ne vidite, nego se samo grčite, sklanjate, gledate da ispred mene što pre pobegnete. I onda ja sve moram da znam, da bih za sve ja bila kriva. *(Sasvim besno unosi se materi u lice)*: Čuješ, ti, evo ja tebi sada kažem, a ti svima: ocu, hadžijama, i kome hoćeš, da ja više ovako i ovde neću i ne mogu. Ili da me odavde vodite, sklonite nekud, ili ću ja sama... Ja ću, ja... *(U očajanju ne znajući šta će):* Oh, ne znam šta ću, i šta ja mogu?... *(Sasvim besno, rešeno):* Ili bar, ako ništa nećete da činite sa mnom, onda niko više da mi ne dolazi, niko na oči da mi ne izlazi, da nikoga više ne vidim, ne čujem, pa ni samu tebe, ni oca, da bi bar onda ovde sama, pusta, zatvorena što pre umrla, izludela i svršila. *(Razjareno, unezvereno ide po sobi):* Oh! Ovo je strašno! Kud ovde, u kući, moraš da si sa pokojnicima, s grobljem, svećama, tamjanima, parastosima — noću ne smeš od straha slobodno da dišeš, a kamoli da zaspiš i odmoriš se — a ono još moraš da paziš, i da tamo, po čaršiji, po varoši, po kućama, što ko ne kaže o tebi, ne pomisli, ne čuje što.

KATA: Ama, ne velim da deda zbog toga neće da dođe, nego tek onako... Možda zbog nečeg drugog ne dolazi. Sigurno ima posla. Jer njega svuda traže, pa možda nema kada...

TAŠANA *(uzrujana, još besna)*: Ostavi me, ostavi me, nemoj više da me lažeš, i da me zagovaraš. Dokle ćeš i ti i svi vi misliti kako ja jednako ne mogu ništa znati, ništa videti, čuti, osetiti, i da vi zato onda možete večito da me lažete. Čak i ne pocrvenite, nego ste srećni, radosni, kad vidite kako ja ne primećujem da me lažete. I šta mi onda dolazite? Pa i ti sama, ni ti više nemoj da mi dolaziš. Jer kad god i ti dođeš, više se s tobom najedim, nego kad sam sama. Zato, ostavi me.

KATA: Pa kako i gde da te ostavim? Ako dan-dva ne dođem, a ti plač i grdnje na mene: gde sam za toliko vreme, što te ostavljam samu; a kad dođem, ti opet: da idem od tebe, da te ostavim!

TAŠANA *(za sebe)*: Da, samu, samu da me ostavite. A ako ne možete zbog imanja, čivluka, sveta, hadžija, da me samu sa celom kućom zatvorite, zazidajte me u neku sobu, i na njoj da nema ni vrata ni prozora. Ako morate zbog dece, što treba oni kadgod da me vide, onda otvorite dva otvora, ostavite dve rupe, pa neka me kroz njih gledaju. A ja da sam sasvim zatvorena, sasvim čvrsto ograđena, te ću bar onda biti slobodna, mirna, neću strahovati da što rđavo učinim.

KATA *(uplašeno odskoči od nje)*: Ama, jesi li luda? Kakav strah? *(Rešeno namešta šamiju oko glave)*: Idem ja, idem ja sama da zovem dedu kaluđera, da vidim što je to, kakav je ovo strah? Da ne treba kakvih molitva, kakav parastos, ili pa što drugo? *(Odlazi.)*

TAŠANA *(za sebe)*: Ne treba, niko mi više ne treba. *(Seda, raskomoćuje se, razgrće oko čela kosu, oko vrata odelo, da se osveži. Odjednom uzdrhta, skoči. Tare rukom usta i obraze)*: Oh, što me svrbite, pusta ostala! Oh, što mi bridite, osušile se dabogda! *(Pritiskuje prsa)*: Oh, što drhtite, što se ne smirite, što jednom ne usahnete!

Vraća se Kata.

KATA *(radosna, vesela)*: Baš kao da sam znala te izađoh, jer ga sretoh. On, deda, pošao, ali kao da se pokajao i već hteo u drugi sokak kod drugoga da ide, te ga ja, molbom, jedva sklonih. I sada evo dede, eto dolazi.

TAŠANA *(uplašeno)*: Što si ga zvala? Ili što mi kaza da me je voleo, tražio, i zbog mene u kaluđere otišao, i sad me je strah zbog toga. Ne mogu sada da sam slobodna, ne mogu da... *(Namešta se, uzrujana i uplašena.)*

KATA *(užurbano namešta po sobi jastuke, ispravlja po podu ćilimove)*: Ništa, ništa se ti ne boj. Ono je prošlo. Deda je on, kaluđer, božji čovek. Da smo te njemu dali, sada bi i on bio baštovan, a ne ovo što je!

STANA *(pojavljuje se na vratima)*: Evo dede!

Čuju se koraci kako se penje.

Ulazi Miron (sa trebnikom, uvijenim u epitrahilj. Još mlad, ali zadovoljan i ponosan sobom; već dosta ugojen. Obučen upola vladičanski kao svaki „namesnik", starešina nad ostalim seoskim sveštenicima. Lica mirna, umorna, ali još živih, željnih očiju).

MIRON *(blagosilja sve, ali pored svega ne može da se savlada da bude miran, pribran)*: Žive bile, i blagoslovene da ste! *(Prilazi Tašani)*: Tašana, zvala si me. Istina, zvala si me više puta; ali ja nikako nisam imao vremena. I sada, evo, jedva što dođoh.

TAŠANA: Ako, dedo. Hvala!

MIRON: Kazuj, nemam vremena, moram odmah da idem.

TAŠANA: Sedi, dedo, molim ti se!

KATA *(upada, podnoseći presavijen jastuk, da na njega Miron sedne)*: Sedi, sedi, dedo. *(Pokazuje na Tašanu)*: Znaš, od nekog vremena jednako mi se tuži. Znaš, Stanko, sinko... *(Trza se)*: Oh, ja sam opet zaboravila, opet te zovem kao nekad, kao kad si bio dete, naš komšija...

MIRON: Ako, ako, ne ljutim se. Čak mi je milo. Nego posle?

KATA: Pa ne znam, sinko. Ete, tako jednako mi se tuži, jednako kao da je neki strah, neki snovi, nešto noću, kao da joj je... Pa da ne treba kakva molitva, kakav parastos?

TAŠANA *(neugodno Kati)*: Ama nije to. Ne znaš ti.

KATA: Pa dobro, čedo, onda eto ti deda pa mu kaži. Ja odoh da skuvam kafu, a ti sve dedi kaži. *(Odlazi.)*

MIRON *(Tašani)*: Da nisi bolesna?

TAŠANA: Ne, dedo. Ali sedi, sedi, molim ti se! Oh! Ne znam ni ja. *(Hvata se za čelo.)*

MIRON *(prilazi joj uplašeno)*: Šta je, Tašana? Pa kad ti je toliko teško bilo, što nisi kazala, i onda bih ja odmah došao, odmah, još prvi put?

TAŠANA: Oh, i ja, dedo, ne znam! Samo znam da...

MIRON: Šta, kćeri?
TAŠANA: Ne znam, dedo!
MIRON: Ama da ipak nisi bolesna?
TAŠANA: Ne!
MIRON: Pa?
TAŠANA *(rešeno)*: Strah, dedo!
MIRON *(uplašeno)*: Od koga? *(Dosećajući se):* Ama da te ko ne plaši? Da ti ko noću ne dosađuje, ili štogod kroz prozor ne ubacuje ili čak možda pokušava da i sam kod tebe uđe?... *(Već besan):* Koji je to što sme tebe, decu i kuću ovu noću da uznemiruje? A, koji?
TAŠANA *(prekida ga)*: Dedo!
MIRON *(jarosno)*: Koji je? Koji je taj što, pored sviju nas, oca ti, matere, hadžije, koji svaki dan dolaze, obilaze te, nadgledaju te, ipak se usuđuje da tebe i kuću noću... Taj valjda ima dve glave a ne jednu. Kaži, koji je taj?
TAŠANA: O, dedo.
MIRON: Ko?
TAŠANA: Pa on!
MIRON *(besno)*: Ama ko „on"? Šta je, gde je taj „on"? Kakav je, odakle je? I zašto me odmah nisi zvala, odmah mi ime njegovo kazala? *(Trza se, kajući se):* Ali, jesi, zvala si me, toliko puta si me zvala, a ja sve mislim da nije baš tako. Nisam znao da tebe ko sme. *(Planuvši gnevno):* Koji je to „on". Tašana? Kaži ga! Odmah ga kaži, pa da omrkne a ne osvane! Ko je taj i šta je taj, koji sme tebe još...
TAŠANA *(odbijajući)*: Ne to, deda. Nije niko, već on, on, dedo, on, pokojnik!
MIRON: Kako: „on", „pokojnik"! Pokojni tvoj muž? Ne razumem!... *(Dosetivši se):* Ama da ga mnogo ne snevaš? Da ti u snu često ne dolazi, ne dosađuje, ljubi te, grli? Pa i za to ima leka! Uzmi i posti: samo hleb i vodu, za nekoliko dana, da ti telo, snaga ne bude silna, pa onda će ti i san biti i čist i blag.

TAŠANA *(neugodno)*: Ne to, dedo! Nije to!

MIRON: Pa onda tek sad ništa ne razumem. On, pokojni tvoj muž, a opet nije on! Sada tek ništa ne mogu da znam, Tašana!

TAŠANA *(ne znajući šta će, kršeći ruke zaplače se)*: Ne znam ni ja, dedo. Samo — oh...

MIRON *(prilazi joj sasvim uzbuđen)*: Ama šta je to? To je nešto mnogo kad plačeš! *(Nadnosi se nad nju, sasvim rešeno)*: Tašana! — ne kćeri, ne snaho, već Tašana, šta je? Kaži sve! Sve kaži! Nemoj ništa od mene da kriješ, jer nemaš od mene ničeg da se bojiš. Ne boj se ti mene. *(Pauza)*: Ili ne! Čekaj! Imaš pravo! Ne možeš ti meni ništa kazati, dok ja prvo tebi sve ne kažem. Treba! Otkada ja mislim da treba sve da ti kažem. Ne boj se ti mene, i ne gledaj u meni svoga nekadašnjega Stanka, tvoga druga, tvoga komšiju, koji je tebe tobože voleo i zbog tebe u svet otumarao.

TAŠANA *(kao izvinjavajući se)*: Nisam, dedo, za to ni znala. I da mi sada mati ne kaza, ko zna da li bih ikada doznala.

MIRON *(sasvim rešeno, čak zagrejano)*: Ako si doznala, a trebala si odavno za to da znaš, i onda bi ti bilo jasno zašto ti nikako ne dolazim. Nisam hteo zbog tebe, da ne bi svet počeo svašta govoriti... Ali da sam znao da ti je ovoliko teško, mučno... Dakle, zato sve kaži! Nikako se ne boj mene! Jer ono što je nekada bilo, bilo je. I evo, možda će ti biti krivo, ali ja se ne kajem za to. Čak i srećan sam, što je tako bilo, što te nisu dali za mene, te sam zbog toga otišao u svet, i postao ovo što sam sada: vaš sveštenik, vaš deda kaluđer, isposnik Svete gore, namesnik Svetoga Oca Prohora Pčinjskog. I zato sam srećan. San mi je lak, duša čista, telo mirno i mrtvo. I zato, Tašana, ne boj se ti, već kaži mi sve, kaži sve kao ocu, više nego ocu, kao samoj sebi, kao Bogu svome, jer je on jedini koji sve zna, sve vidi, i koji može da uteši i umiri grešnu i bolnu dušu.

TAŠANA *(zaradovano)*: Oh, hvala, hvala, dedo! Hoću sve da ti kažem, samo ne znam kako ću. Znam samo to da mi je teško, da ne mogu više ovako, i da me je strah... strah... Oh, čekaj, dedo... Ne znam kako da kažem. Samo to, dedo, evo, ne jedna godina, već dve-tri, uvek sve jednako tako. I to kako, dedo? Ni živa ni mrtva! Umro on, odavno pokojnik, a svuda je on. Tamo, kod vas, po varoši, po čaršiji, od njega nema ništa, odavno se na njega zaboravilo, kao da ga nikad nije ni bilo; dok ovamo, u kući, on je jednako tu. Tu je on, tu mu oružje, tu mu soba i postelja, tu vino koje je pio, jelo koje je najradije voleo. Pa još noću, kad se ostane sam... onda je tek teško i strašno: tu je on, a nema ga, mrtav je. *(Pokazuje oko sebe)*: Svuda je on: oko mene, oko dece, u postelji... Živ je, čisto kao da diše a međutim nema ga, nema, nema, dedo! Pa je noć onda teška, kao grob mrtva, ne može da se izdrži od straha. Jedva čekam zvona da zazvone, dan da osvane, i onda da se brzo trči na groblje, da se vidi da mu grob možda nije kako treba, da mu možda kandilo nije prosuto, sveće ugašene! I sve, i njega i mladost moju, znam sad više po groblju nego po životu...

MIRON *(razmišljajući, setno)*: A... a... sećam se... sad tek mogu... Sada tek mogu da znam. *(Tašani)*: Pa zar niko ni od tvojih, ni od hadžija, zar niko od njih nema da ti dođe, da te razonodi, uteši, umiri?

TAŠANA *(ohrabrena)*: Oh, svi oni, i kad dođu, kao da su došli njega, pokojnika radi, da njega vide, da njega pohode, i kao njemu mrtvom da ugode. I onda, i to godinama, jednako se samo gleda: da se prvi cvet njemu na grob iznese; prva kruška, jabuka, u pokoj njegove duše razda; prvi grozd, prvo vino, preko njegova groba pre-lije, kao da je živ, kao da on to traži od mene. Oh, dedo! *(Prilazi prozoru)*: I to nije jedan dan, mesec i godina, već ceo vek nikako ne smem prozor da otvorim da se ne bi zavesa više pomakla, već da isto onako stoji kako je stajala, dok je on bio živ...

MIRON: Kako da ne smeš? Zašto da ne smeš više prozor da otvoriš i zavesu pomakneš, da božji dan i sunce i svetlost uđe. To bar nije ništa.

TAŠANA: Ne smem, jer kad se širom prozor otvori, onda će svet: Kako? Eto! Udovica već otvara pendžere, već hoće da gleda u svet, već hoće na koga da namiguje!

MIRON: A, ja, da... Imaš pravo... Jest. Svet je...

TAŠANA *(nastavlja pokazujući na zid, zastore i ukrase i povešano oružje pokojnikovo)*: Pa ovo! To sve mora tako da je, kao kada je on bio živ. Ne sme ništa da se pomakne. I dobro. Pristajem. Neka bude tako, neka stoji tako. Ali zbog toga što to mora da bude, ja onda iz straha da ili rukama ili ramenima, kad prođem, slučajno što ne dirnem, ne povučem i poremetim, ne smem ruku slobodno da držim, ne smem slobodno da kročim. I to danju i kojekako mogu da izdržim. Dan je, svetlost, vidi se. Ali noću! Noću kad treba da iziđem, da deci vode donesem, a mene obuzme strah da onako, u mraku, na njegove, pokojnikove stvari ne natrapam, ne dodirnem ih. Oh, dedo, onda taj strah! Strah, strah, da se izludi! I tako svakog dana i svake noći. I jednako, uvek, sve veće, sve strašnije... Ali dosta! *(Umorna, sustala, tare čelo)*: Ne znam da li sam i ovo do sad mogla i znala kako treba da ti kažem. Oh, ne znam kako treba još da kažem.

MIRON *(odobravajući)*: Jesi, jesi. Znala si da kažeš. Kazala si mi sve. Znam sada sve, razumem... I zar do sada niko da ne vidi kako se ti mučiš i patiš zbog toga? I niko to da ne opazi, i niko da ne pokuša da popravi?

TAŠANA: Oh, ko će, dedo? Otac? Ti već znaš njega. On, samo da mu se ne prebaci kako je nedostojan i nedorastao za tasta ovakve i ovolike hadžijske kuće, pre bi me mrtvu gledao nego što bi dao da se u što pokojnikovo dira! A za hadžije: Hadži-Ristu i druge?... Oni ionako nisu nikad ni voleli što me je pokojnik uzeo...

MIRON: Kako „nisu voleli"? Šta si ti, i kakva si, te da oni nisu voleli?

TAŠANA: Ne znam. Samo znam da su mu davali neke njine, hadžijske kćeri, a on, pokojnik, nije to hteo, nego, kao u inat njima, uzeo baš mene. I sad, kad ovamo dođu, za njih je samo glavno: da li se od čivluka sav berićet donosi; da li se imanje ne potkrada; da li su deca zdrava i kako se neguju; da li se pokojnik poštuje; da li mu se iznosi za dušu, daju pomeni, pale kandila!... A ja za njih nisam živa. Treba da sam živa, ali samo zato što sam rodila i što čuvam ne svoju već njihovu, pokojnikovu, hadžijsku decu. A ja, sama za sebe? Ništa! Mogu da živim, mrem.

MIRON *(plane uvređen)*: Zar ništa više?

TAŠANA: Oh, da! Neću da kažem da mi kogod što reče; ali tako je: za sve njih ja nisam ništa, mrtva sam. A, evo, živa sam, dišem, govorim; a treba da sam mrtva.

MIRON: A ne, nećeš ti biti mrtva!... Ko je taj koji to hoće? *(Viče):* Stano!

Ulazi Stana.

MIRON *(zapovedajući)*: Idi, ali ne ti, nego pošalji momka i on neka ide i nađe hadžije, i da im kaže da me sutra ovde čekaju. Jesi čula? Svi ovde mora da su! I to da im kaže da sam ja tako kazao, da sam ja tako naredio!

TAŠANA *(uplašeno)*: Zašto, dedo? Nemoj, strah me je!

MIRON *(utišava je)*: Ne boj se ti. Budi mirna, vesela, zdrava. Živi i diši sa svojom decom, kućom u ime i slavu Boga... A ja imam da vidim ko su ti što hoće da si mrtva, da nisi živa! Ko je umro — umro, ko živi — neka živi! I da vidim ko će smeti: ni same hadžije, Hadži Rista, ni niko... Ne boj se ti samo. Ništa nije. Ali ti si još uzrujana, još uplašena. Ne boj se, ničega se ne boj. *(Prilazi prozorima, otvara ih):* Evo ništa nema, i ne sme biti. Budi slobodna, mirna. Ali baš kad si toliko uplašena, hajde da okadim, očitam i osvetim vodicu.

TAŠANA *(umirena, ljubi mu ruku)*: Oh, hvala, dedo!

MIRON *(navlačeći epitrahilj, jedan kraj meće Tašani na priklonjenu glavu)*: Tako, nasloni, odmori glavu, čelo. *(Vadi i daje joj u ruke brojanice sa raspećem)*: Uzmi i ovo. *(Viče):* Stano, donesi vode, bosiljak! *(Tašani):* Ne boj mi se. Sve to nije ništa, i ne sme ništa biti.

TAŠANA *(ispod epitrahilja ljubeći raspeće na brojanicama)*: Hvala, hvala, dedo!

Ulazi Stana, unosi sve što treba: sveću, kadionicu i žar, tanjir sa vodom i bosiljkom.

MIRON *(kadi; zatim „Blagosloven Bog naš"... i čita nečujno; potom uzima bosiljak i škropi vodom po sobi, oko sebe, a najviše po Tašaninoj glavi.) (Usled svežine vode, Tašana se sasvim umiruje. Za vreme čitanja, Tašana, oslonjena na njegovu ruku, gotovo zaspi.)*

Ulazi Stana i iznosi malopre unetu vodu i bosiljak.

MIRON *(tiho Stani)*: Ne zaboravi na hadžije da sutra svi dođu i da me čekaju.

STANA *(izlazeći na prstima)*: Neću zaboraviti, ne, dedo!

MIRON *(pošto vide da je Tašana gotovo zaspala, pušta joj ruku, i, da je ne probudi, polako, nežno ostavlja je; ali, dižući ruku, koju je Tašana držala i na koju je glavu naslanjala, i brišući njome čelo, kosu, lice, odjednom sav zadrhta potresen)*: Oh, opet ovaj miris! *(Polazi.)*

Sa ulice počinju da dopiru uzvici dece: „Žiž, žiž!" i besomučno deranje Parapute: „Izgore Paraputa, izgore, ah!"

MIRON *(prilazi prozoru i nagne se napolje)*: Opet ga ova deca uhvatila, opet ga uplašila bacajući mu zapaljene žižice... Ah, on se opet iskrao iz crkve. Govorih klisaru da ga dobro čuva, ali uzalud. *(Naginje se i viče)*: Paraputa, Paraputa, ja sam, deda tvoj, ne boj se! Nećeš izgoreti!

PARAPUTA *(spolja, neviđen)*: A, ti, dedo? Dobro! Evo jedem ja, jedem.

MIRON: Ama zašto zemlju jedeš, zaboga?

PARAPUTA: Jedem, jedem! Zemlja sam... I ti si zemlja... I svi smo zemlja. I svi ćete biti zemlja.

MIRON: Jest, jest. Od zemlje smo, i bićemo zemlja. Ali zašto ti zemlju da jedeš, kad su ti nedra puna komadima hleba. I zašto zemlju, kad je i za ptice Bog dao hrane. *(Spazi na ulici jednog prolaznika)*: Čorbadži Stojane, pričuvaj Paraputu od dece, dok ja stignem da ga uzmem i odvedem kod mene u crkvu. *(Odlazi.)*

PARAPUTA *(odlazeći)*: Zemlja sam, i ti si zemlja. Svi smo zemlja. I svi ćemo biti zemlja.

DRUGI ČIN

Dok je u prvom činu sve tužno, dotle je sve u drugom veselo, svetlo, puno života.

Soba ista, ali raskošno nameštena. Lepršaju se po zidovima okačeni dugački svileni peškiri. Blešti se veliko ogledalo, sada bez crnog vela. Prozori širom otvoreni. Bije jutarnja svežina i svetlost. Po tišini, osobito uličnoj, oseća se da je praznik, nedelja. To se još jače oseća katkad brujanjem zvona sa crkava, prolaženjem sluškinja preko soba, njinim iznošenjem starog rublja, čaršava, presvučenih haljinica dečjih. Sluškinje se vraćaju i nameštaju sobu. Jedna briše prozore i čisti rafove, druga namešta jastuke i po podu ćilimove. Posle opet odlaze. Čim se digne zavesa, čuje se naizmenično pesma slugu i sluškinja na raznim mestima, mada se pevači i ne vide. Dve služavke pevaju:

Živovale dve drugačke,
Među sebe govorile:
„Kako smo si dve drugačke
Da je da smo dve jetrve!"
To začule stare majke,
Razdvojiše dve drugačke.

STANA *(pušeći nadgleda rad sluškinja i namešta po sobi).*

Ulazi Bekče u čohanim čakširama, džemadanu, sa svilenim pojasom; na glavi nabijena šajkača do očiju. Bos, razgolićenih grudi, uvek veseo i s pesmom. Stanin vršnjak. Bio je nekada vrlo lep, što se i sada primetno vidi. Koščat, i ima punu, kratku bradu. Omiljen kod sviju. Pri ulazu, pijan i zavaljen, peva:

Katarinče, devojče,
Ajde da se zemame.
Kako da se zemame,
Kad si pare nemame?

STANA *(sama za sebe)*: Eh, keleš, i ti će nekog da zemaš — a ni čakšire nemaš! *(Smeje se)*: Kada li se ovaj udesi i kada ču da je ovamo slobodno i veselo. *(Gleda ga)*: Bre, bre, od koga te pokojnika tako udesiše u te čohane čakšire, pa i džemadan, pa čak i svilen pojas! Samo si rukav opet vrpcom vezao. Ne možeš da zaboraviš svoj nekadašnji užarski zanat.

BEKČE *(produžava pevati)*:

Ako si pare nemame,
Oku i pol sevdah imame.

STANA: Propao si, ali ti je glas topao. I još si me tražio za ženu! Umalo se ne prevarih i pođoh. *(Sebi)*: Beše lep, ali se propi.
BEKČE *(pruža ruku Stani za novac)*: Stano, za duvan!
STANA: Popićeš.
BEKČE: Za duvan, živa mi ti!
STANA *(baca mu novac)*: Na, crkao dabogda!
BEKČE *(odlazi)*.
STANA *(pušeći nameštа po sobi)*.

Utrče sluškinje.

PRVA SLUŠKINJA *(preplašena, preneražena)*: Jao, Stano! Eno ludi Paraputa gde se valja po avliji.
STANA *(ljutito)*: Pa što ga ne nahranite i napojite?
PRVA SAUŠKINJA *(uplašeno)*: Neće! Baca hleb. Iskolačio oči. I znaš ga, po njegovom običaju, mumla, preti: kako je ovo njegova kuća i hoće gore, ovamo u sobu. I bojim se ovamo da ne dođe, da ga deca ne vide.

Čuje se na stepenicama, do vrata, stenjanje, neprirodno mljackanje ustima i potmuo glas: „Moja je ovo, moja kuća!" Pojavljuje se glava Parapute, ali leđima okrenutog, nesrazmerno razvijena i utrpana krpama, ponjavama.

STANA *(ne dajući mu da uđe, zaklanjajući ga na vratima, blago)*: Tvoja, tvoja, Paraputo. Samo zašto ne ideš u kujnu, i tamo će ti dati da jedeš i piješ.
PARAPUTA *(mumla)*: Moja je ovo kuća kao što su i sve kuće moje! I vi ste svi moji! I svi ćete kao i ja zemlju da jedete, kao što će i vas zemlja da jede. I ja evo, ja jedem zemlju, jedem zemlju.
STANA *(uzrujano)*: Ama zašto zemlju, kad eto toliko hleba imaš po pojasima i nedrima? I zašto onda zemlju? *(Umiljato)*: Ali idi sada, Paraputo, u komšiluk, u drugu neku svoju kuću.

Vidi se kako Paraputa odlazi mumlajući: „Moja je, moja kuća".

STANA *(sluškinjama)*: Eto vidite, i što ste toliko zalarmile. Kao da ga ne znate. Kao da ga prvi put viđate.
SLUŠKINJE *(odlazeći)*: More, strašan je!

Ulazi Tašana.

TAŠANA *(obučena raskošno, ne mogući da veže nizu dukata oko vrata čisto se spotiče idući; Stani)*: Stano, veži mi nizu. Otkada je vezujem pa ne mogu. *(Gleda niz sebe i kao crveneći od stida zbog svojih lepih haljina)*: A i ovo! Nisi trebala da mi spremiš ovo odelo. *(Saginje se Stani, da joj zakopča nizu.)*

STANA *(zakopčava je. Ali gledajući u Tašanin sjajan podbradak, svetlo, zajapureno lice, a najviše u njena, sada pod tankom košuljom i kratkim jelekom gola razvijena prsa, zaboravlja da je zakopčava)*.

TAŠANA *(crveneći od Staninog piljenja)*: Ta zakopčavaj! Šta me gledaš?

STANA *(kao samoj sebi)*: E lepa si mi!

TAŠANA: Ta zakopčavaj tu nizu i ostavi to tvoje...

STANA *(zakopčavši joj nizu, odmiče se od nje, diveći joj se)*: Ama, ne znaš ti kakva si!

TAŠANA: Ostavi, ostavi to tvoje. *(Malo nadureno i kao ozbiljno uvređena)*: I čuješ, mori, nemoj više onolika jela da mi donosiš. I što si mi sinoć onakvu vodu spremila za kupanje? Nije bila toliko vrela, koliko nekako čudna. Da nisi u nju kakve mirise, trave metala?

STANA *(tajanstveno, zadovoljno)*: Nisam de, nisam...

TAŠANA: Jest, nisi?! Zato ja gotovo cele noći ne zaspah. Ko zna kad sam tek zaspala. A bolje i da nisam nikako ni spavala.

STANA *(u poverenju)*: A što? Došao u snu neko pa te grlio, ljubio?...

TAŠANA *(prekida je crveneći)*: Hajd' hajd'!

STANA *(gordo, ponosna na svoje znanje)*: Ali zato, zbog tih trava, zbog tog kupanja, vidi kako si lepa!

TAŠANA *(u smehu)*: Ta prestani jednom s tim. Dobro. Eto lepa sam. Evo i ja vidim. I milo mi je, godi mi što sam lepa, ali samo to i ništa više, ništa drugo.

STANA *(dvosmisleno)*: Biće, biće i drugo, sve će biti. *(Razdragano)*: Znaš li, snaške, otkad poče da živiš, krećeš se, da primaš goste, a pokatkad da izlaziš, da se viđaš, cela varoš, sve se opet u tebe zaludi. I meni sad milo da živim. Pre: idem čaršijom i niko da me oslovi, niko sa mnom reč da progovori. A sada: svaki, pored ma kog dućana da prođem, zove: „Gde si, Stano, kako si, šta radiš? More, Stano, videh ti snašku i bogami, snaška ti je još onako lepa". I onda svaki pruža duvan i časti. A gde pazarim, naplaćuje manje, te mi po neki put i gotova para u džepu ostane.

TAŠANA *(dobrodušno)*: De, de... neka te čuje samo Hadži Rista i drugi pa ćeš videti!

STANA: Eh, ne znam ja te hadžije. Pa oni su me, snaške, na sve ovo i naučili. Sam svekar ti, Hadži Stevan, prvi me je on sve naučio. On me je gonio da se dobro hranim, da se lepo nosim i kitim. Ne za mene već za njega. I ako, ne žalim! Ne žalim što me je ljubio. Jer da njega nije bilo, šta bi sada bilo od mene? Bila bi seljanka. I sad, ovako stara, tamo u selu, dok bi moji sinovi i snahe orali i kopali, ja bih morala po brdima sitnu stoku da čuvam i pasem.

TAŠANA *(raspoložena)*: Hajde, hajde. Ti kada počneš, sve jedno te jedno.

STANA *(nastavlja još oduševljenije)*: A što mi je milo, što je ove hadžije deda Miron toliko izgrdio. Znaš li, snaške, pričaju da ih je pozvao, oni svi došli i zatekli ga gde služi u crkvi. On nikoga od njih ne pogleda. Sa Ristom ni da se zdravi. Ni u njihne hadžijske stolove nije hteo da ih pusti, da odstoje službu. Naredio klisaru da ga svi ispred crkve čekaju. Jer kazao: „Ko hoće žive ljude da zakopava taj ni u crkvu ne sme da stupi." I kad izašao, toliko ih napao, a naročito Hadži-Ristu. „Zar ste, veli, zato mene, kao svoga zemljaka tražili da baš ja budem sveštenik, što ste mislili da ja, kao sin nekog vašeg čivčije, neću smeti da udaram na vas, prve, bogate i najveće, i da ćete vi moći da radite što god hoćete: i sa mnom, i sa crkvom, i sa svima?"

I onda, kako su smeli zbog pokojnika toliko da te drže u strahu, u crnini, u plaču, samoći...

TAŠANA *(neugodno, već sa strahom pomišljajući na to)*: Mani to, Stano! Još me je strah. I da znaš kako sam se bojala da se oni zbog toga još više ne naljute na mene.

STANA: A, da se naljute? Smeli bi! Znaš, kad im deda podviknu, Hadži Rista u nesvest da padne. Ljubeći mu ruke molio ga da mu oprosti. Veli: oni nisu znali. Mislili su, da što se više pokojniku ugađa, što se više ide na njegov grob, što si duže u crnini, plaču, da se time više veri i Bogu ugađa. I vidiš, kako su od tada svi veseli, razdragani, kao da nikad ovde nije bilo žalosti, pokojnika, crnine. Vidiš kako se svi utrkuju ko će te više razveseliti. E mislim se ja: „Znam ja vas. Da nije dede, Mirona, još bi ovde bilo kao u groblju." A sada sve drukčije. Eto, večeras će Hadži Rista doći sa svojima na sedenje i razgovor. I sada će, posle crkve, svi ovamo doći. Čak će dedu, Mirona, sa sobom povesti, da bi pred tobom izgledalo kako ih on nije grdio.

Ulazi sluškinja.

SLUŠKINJA *(žureći da ove budu spremne)*: Hajde, snaške. Služba se već odavno pustila, jer evo već i crkveni prosjaci idu po kućama. I kod nas već neki bio.

TAŠANA *(razdragano)*: Ako! Ako! I podajte svakome štogod. *(Stani):* Idi ti tamo. Ti to bolje znaš.

Sluškinja odlazi.

STANA *(polazeći)*: Ima, ima. Ima od sinoć dosta jela i daću svakome da jede.

TAŠANA *(vraća Stanu stajući ispred nje)*: Čekaj i vidi da li sam kao što treba zakopčana.

STANA *(pregledajući je)*: Jesi, jesi. *(Odlazi.)*
TAŠANA *(sama, dosta uplašena, navlači više šamiju na lice; tešnje zakopčava prsa i rukave od košulje i pogleda po sobi da li je sve u redu.)*

Ulaze Hadži Rista, Miron i ostale hadžije.

HADŽI RISTA *(malo napred, zadovoljan, nasmejana lica, kao nastavljajući usput započeti razgovor, ne primećavajući Tašanu)*: Ako, ako, dedo. To znači da te se boji, da te poštuje!
MIRON *(spazi Tašanu, prilazi joj nasmejan, čestitajući joj praznik)*: A, Tašana, srećan ti praznik, sveta nedelja, i kako si?
HADŽI RISTA *(prilazi Tašani)*: I od mene ti srećan praznik, snaho!
TAŠANA *(ljubi ih u ruke)*: Hvala, hvala.
SVI: Srećan praznik!
MIRON *(u šali)*: Dobro, bar i ti sada da se smeješ. — Idemo, ja i Hadži Rista, a ono odjednom iza jednog ćoška ispade pred nas Saroš... Sav usplahiren. Poče da muca i moli: „Dedo, pope", veli, „ja sam se mnogo pazio sa pokojnikom, Tašaninim mužem. Kao braća smo živeli, pa sada na ovaj vaš praznik biva li, red li je, mogu li da i ja kod njegove kuće odem i vidim njegovu decu?" — „Slobodno, slobodno, Saroše", odgovaram ja, „uvek, u svako doba. Istina domaćin, pokojnik nije živ, nije tu, ali je tu njegova domaćica, deca, i za prijatelje je njegova kuća otvorena". Ali on se jednako snebiva. „Ama, bojim se", veli, „da ja, kao tuđa vera, pa da vi posle, nekako rđavo ne uzmete a naročito ti, dedo, da ne zameriš?" — „Slobodno, slobodno", počeh se ja smejati kad videh da se on mene najviše boji. „Evo, hajde s nama, ako hoćeš", ponudih ga. A on se čisto prepade. I od radosti sasvim se zaboravi, jer, iako Turčin, poče da se saginje i malo što me ne poljubi u ruku.

HADŽI RISTA *(gordo)*: Može, i treba da dođe. Nije ovo kuća od juče. I kao što je uvek bila otvorena za svakoga prijatelja, gosta, namernika, tako je i sada. *(Tašani, šaleći se):* Samo na tebe se ljutim, kćeri, na tebe mi krivo. Zašto, kad ti je bilo toliko teško, toliko mučno, a ti meni prvo da se ne potužiš, meni ne kažeš; jer ja namesto moga pobratima, drugi sam ti svekar, drugi otac. *(Mironu, ponizno):* Da se ne ljutiš ti, dedo, što ja o ovome počinjem?

MIRON: A ne, ne.

HADŽI RISTA *(Tašani)*: Da znaš, kćeri, koliko nas je deda zbog tebe rezilio i to još kako. *(Mironu):* Oh, dedo, i sad kada se setim onoga tvoga: da, kad sam ti ruku ljubio, da sam mislio da je to ruka sina moga čivčije, a ne ruka moga sveštenika, duhovnika, Boga moga, oh, i sada, dedo, noge mi klecaju.

SVI: I men, i men!

MIRON *(strogo)*: Bogami, da ne naiđem na još koga da se *(pokazuje na Tašanu):* kao ona, zbog mrtvog čoveka toliko muči. Jer kažem: vera i Bog nije za mrtve već za vas žive, da vama, živima, život olakša: da što vas snađe u životu, osobito smrt, verujući da je Bog tako hteo, lakše to podnesete. A što vam vera i Bog naređuju da pokojnicima odlazite na grob, iznosite jela, pića i to delite sirotinji, to je opet za vas žive. Jer što potpomažete svoje bližnje, vi postajete dobri ljudi, i onda, kao dobri ljudi postajete i srećni, dakle, da bi vi, živi, što više poživeli...

SVI *(upadaju)*: Hoćemo, dedo! Kako da nećemo da živimo. Samo ti nam kaži, pouči...

MIRON: Da, i zato neću ovde da, kada u koju kuću uđem, u kojoj je bogzna kada ko umro, a ono iz nje jednako bije tama i crnina! Zavese se nikako ne dižu! Sunca nema! Čak ni čekrk na bunaru ne krcka, pošto se ni voda iz bunara ne vadi! Kao da se hoće i sama voda da zaustavi, umrtvi, da ne bi tekla i žuborila! A međutim u toj kući deca, deca rastu. A deca hoće sunca, zelenila. I zato: ko je umro —

umro; ko je živ — neka živi! I zato neka svaki od vas, pomažući sirote, ne čineći zla drugome, živi i raduje se životu. Neka se raduje bogatoj trpezi; raduje mekanoj, toploj postelji; zdravom i dobrom snu...

SVI *(odobrovoljeni Mironovom raznaženošću)*: Hoćemo, dedo, hoćemo. Kako da nećemo da živimo?

HADŽI RISTA *(od radosti umalo ga ne poljubi u ruku)*: Hvala, dedo! Tako nam govori. Tako hoćemo da vidimo da si i ti među nama odobrovoljen. — Tako! Hoćemo da živimo, kako nećemo da živimo? Evo ja, star sam, pa koliko puta dobro, slatko jedem, pa i pijem. I to, po nekada više pijem nego što treba, pa onda, bogami, i zapevam. Istina u noć, u mrak, jer deca da me ne čuju i da mi se ne smeju... Ali zapevam. Sunca mi, zapevam. I zašto da ne? Veru svoju čuvam i držim a ovamo kuća mi puna, ambari puni, a opet, koliko mi je ruka dostizala, bedno i nevoljno sam pomagao i pomažem. I onda, zašto da ne zapevam, kad vidim kako po sobama moja deca, snaje, unuci, slatko mirno spavaju. Sve je to, koliko je Bog dao, zbrinuto, pa posle mene, ako hoće da rade, ne mora na tuđi prag da idu, tuđi hleb da jedu. I onda, zašto da ne zapevam? Hoću, pevaću, i sada evo prvi ću ja: I večeras evo ja sa mojima doći ću odmah da posedim. *(Tašani)*: Tašano, večeras doći ćemo.

Ulazi Stana sa rakijom i s čašicama na poslužavniku.

TAŠANA: Dobro ćete doći, dobro doći. *(Stani pokazuje na Mirona, Hadži-Ristu i ostale)*: Služi, Stano. *(Mironu)*: Uzmi, dedo.

MIRON *(odbija)*: A, ne to!

HADŽI RISTA *(u čudu)*: Zašto, dedo? Dobro je to. Zagreje, razdraga.

MIRON *(s podsmehom)*: Pa, Hadži-Risto, kada rakiju nisam u mladosti uzimao, kada sam imao za šta da se zagrevam; šta će mi sada?

HADŽI RISTA *(pola uvređen)*: Grešiš, dedo. Treba pokatkada i to, da ovako s nama, zajedno, kao i mi svi... Bogami, sećam se, sa pokojnim deda-Mitrom, bog da ga prosti, dok radimo crkvene, naše narodske stvari — radimo; a posle i mi, ako je sabor, slava, i mi siđemo, pa i mi kao svi. Pa, bogami, baš dobro i ponapijemo se i poigramo i zapevamo.

SVI: Jest da, jest.

MIRON: Ali zato si, posle, mogao da mu pokatkad odrekneš, i ne poslušaš ga što ti naredi.

HADŽI RISTA *(pobeđen)*: A, jest, i to je bilo. Jeste, bilo je, bilo. I zašto? Vidim: i on kao i ja: jede, pije, pa neki put i više i gore od mene. Dakle, i on grešan kao ja. I zato onda, kad mi nešto naredi, onda može biti kao što ne treba da bude?!... *(Prekide, prilazi Stani, uzima sa poslužavnika čašicu)*: Ali, evo ja ću i za tebe, dedo, da popijem. Piću, hoću, čak i opiću se.

SVI *(piju)*.

HADŽI RISTA *(Stani)*: Stano, za večeras da mi spremiš... Ali, da li ima još onog, moga vina, što smo ga ja i pobratim pili?

STANA: Ima, ima. Čuva se.

HADŽI RISTA *(Stani)*: I da spremiš onakve „mafiše" kolače, kao nekada kada je i tvoj stari gazda, moj pobratim...

STANA *(gordo)*: Znam, znam, pa...

HADŽI RISTA *(u šali)*: Ali onakve iste, ne mnogo šećera, nego onakve kao kad ja i stari hadžija uveče zasedimo.

Ulazi Mladen vodeći decu za ruke. Deca obučena u novo. Nedra im puna cveća, bosiljaka i kolača.

MLADEN *(s ulaza, sav srećan)*: Pa, čedo, Tašana *(pokazuje na decu)*: mi smo već ogladneli! Gotov li je ručak za nas?

DECA: Nano, nano, dade nam baka cveće.

TAŠANA *(grli decu)*: O, o, gle moji domaćini već mi došli! *(Kleči ispred njih doterujući im odela):* Pa, gde ste mi bili? Kod babe? Kako ona? Koliko se radovala kada vas je videla i čime vas je dočekala, poslužila? *(Vadi im iz nedara cveće):* Pogle, koliko vam je cveća nadavala. Zbog vas sigurno celu baštu obrala! *(Pokazuje na Hadži-Ristu, Mirona i ostale):* Pa sada sve u ruku!

HADŽI RISTA *(preduhitri decu; klekne ispred njih i ljubi ih on u ruku)*: A ne vi mene, u ruku, već ja vas, jer ste sada stariji od mene. Vi ste mi ovde domaćini. Pogle već koliki su! *(Ljubi starijega po glavi):* Pogle švrća moj koliki je! Pogle sin moj, pobratimče moje!... Vaš deda, Hadži Stevan, i ja, kao rođena braća smo bili, vaš otac kao moj sin je bio, pa sad ste mi i vi moja deca! Čekaj da dâ deda paru. Pa zašto i kod dede niste išli? *(Pokazuje na Mladena):* Ali on sigurno nije hteo kod mene da vas vodi? Vaš deda samo kod sebe vas vodi. *(Dosetivši se, Mladenu):* A sad, Mladene, ovako: ti i ja sa decom, pa kod mene.

MLADEN *(nećka se)*: Ama...

HADŽI RISTA: A ne; ovako mora! Ti i ja s decom pa kod mene, kod moje kuće!

MIRON *(Mladenu)*: Idi, idi, Mladene.

SVI *(Mladenu)*: Idi, idi, Mladene.

MLADEN *(nećka se pokazujući na decu)*: Ama da se deca ne umore?

HADŽI RISTA: Pa ako se umore, onda ti u naručje jedno, a ja drugo, pa napred kroz čaršiju! *(Uzima decu u naručje):* Oho, oho, ha! Sad mi je ovako milo, drago. Sad možemo da idemo. *(Mironu ponizno):* Ti, dedo, pošto idemo kroz čaršiju, nećeš s nama?

MIRON: Da, da, ja ću posle vas, ulicama, unaokolo.

HADŽI RISTA *(klanjajući se Mironu)*: E sad da idemo. Sada zbogom, dedo. *(Tašani):* A do viđenja večeras, Tašano. *(U naručju s decom i ostalima odlazi.)*

MIRON *(ustaje i zaogrćući se mantijom gleda kroz prozore da li su svi otišli)*: Hajd', i ja da idem!

TAŠANA *(gotovo uplašeno, sa strahom ga zaustavlja)*: Ostani ti, dedo, ostani!

MIRON *(izvinjavajući se što i on nije sa ostalima otišao)*: A ne, Tašana. I ja bih s njima, ali, znaš, nije red, da ja, kao kaluđer, u gunguli, čaršijom idem, pa zato sada ću sam...

TAŠANA *(navaljuje, sada već oslobođena)*: Ostani, ostani ti, dedo. *(Prilazi Mironu i umiljavajući se hvata ga za rukav)*: Oh, hvala, hvala! Tebi, dedo, tebi hvala! Oh, da tebe ne beše, živa bih umrla ili, ko zna šta bih od straha i samoće učinila od sebe i dece... Ali, zato molim te, preklinjem te: da mi dolaziš svakog dana. Jer, pravo da ti kažem, sve ovo što će biti posle ovoga, što ću kadgod možda biti radosna, vesela, i što ću možda slatko disati, spavati, sve to, ako me ti ne budeš obilazio, sve će mi to padati kao grešno. Jednako ću se bojati da sve to: veselost, život, zdravlje nije nešto grešno...

MIRON *(umiruje je)*: Ne boj se ti! Ne boj se ti, samo živi, budi zdrava i vesela: za sve ostalo ja sam tu...

TAŠANA *(u zabuni, postiđena)*: I znaš, dedo, sramota me. Ali moram da ti kažem, sad mi već i ti nisi onako strašan. I tek sada, iz lica ti i glasa, sve više vidim u tebi ono što sam sasvim zaboravila; sad tek sve više vidim onoga Stanka, komšiju moga, ludoga Stanka, što me je, dok smo bili deca, krijući se, iz bašte gađao. I *(crveneći)*: nemoj da me koriš, nemoj na mene da se ljutiš. Sinoć, kad zaklaše jaganjce, dođe mi na pamet: kako smo nekada ja i ti krali od džigerice i bubrega, pekli ih i krišom jeli. I zato sam još sinoć naredila, da se to ostavi i spremi za tebe.

MIRON *(potreseno)*: Tašana, zašto?

TAŠANA *(razmaženo, hvata ga za ruku)*: Ne smeš da mi odbiješ. Znaš koliko sam sinoć bila srećna i vesela, što sam se toga setila. Sad ću ja to. *(Viče)*: Stano, donesi ono, što je za dedu spremljeno.

Čuje se Stanin glas: „Sad, sad, snaške".

MIRON *(odbija)*: Ne, ne, Tašana! Ne mogu, ne jedem ja to!

TAŠANA: A, to moraš da mi učiniš. Moraš, makar samo da okusiš. Jer ja sam se tako radovala misleći kako ću time da te iznenadim, zaradujem. Sedi! Sad će Stana doneti. *(Da skrene razgovor):* Eto baš pre neki dan bila je kod mene Lena *(sedne):* tvoja sestra. I ne znaš koliko mi se hvalila tobom. Te kako je pomažeš, kako si joj kuću opravio, nekoliko njiva i vinograda kupio, njenu decu kao svoju gledaš, čuvaš, izvodiš na put.

MIRON *(kao braneći se)*: A, to nije ništa. Sem nje drugog svoga nemam; pa bar nju da pomognem, usrećim.

TAŠANA *(razdragano)*: Ako, ako, dedo. Ona je to i zaslužila. Ne znaš ti koliko smo se, ja i ona, kao devojke volele. I sad je jednako grdim, što mi češće ne dolazi, što mi svaki dan ne dođe. Znaš i sam da smo koliko puta zajedno spavale, čak smo se i posestrimile.

MIRON *(odobrovoljen, peckajući je)*: Znam, znam. Znam kako ste jedna drugoj u amanet ostavile: da, koja nadživi, onu drugu, mrtvu, oblači, sprema i kiti.

TAŠANA *(zastiđeno)*: A, to su naša ženska posla. Znaš, mi žene, i kad umremo, hoćemo da smo lepe. Ali to je drugo. *(Kao uvređena na Mironovu sestru zbog njenog izdajstva te njine tajne):* A ona ti je to kazala? E, gle ti nje! Ah, samo dok mi dođe! Izgrdiću je više nego za ono pre što sam je izgrdila.

MIRON *(ljubopitljivo)*: Za šta, za šta si je grdila?

TAŠANA *(crveneći)*: Ta za ono, dedo... Za ono što mi ti reče da si me nekada voleo i zbog mene otišao u svet.

MIRON: Ostavi to, Tašana.

TAŠANA: I čim je videh, ja je napadoh: zašto da mi bar ona to nikad ne spomene, ako ne docnije, kad sam se već udala, a ono dok sam bila devojka, dok smo ja i ona gotovo svaki dan bile zajedno. *(Sebi, uzbuđeno)*: Sad mi je tek jasno, sad tek znam: zašto je ona uvek kad bi tako zajedno spavale, pa se probudimo noću, i ja joj počnem pričati koga sam toga dana videla, kako me ko pogledao, kako mi se koji dopao, a ona onda, sirota, ležeći pored mene, u mome krilu, počne da plače, jeca. Sad znam zašto je plakala.

MIRON: Ja joj nisam davao da ti spomene. Pretio sam joj da ću je ubiti.

TAŠANA: Sad znam zašto je plakala. Plakala je zbog tebe, zbog svog brata. Znala je koliko me ti voliš, a ovamo vidi kako ja nikad tebe ne spominjem.

MIRON *(ustaje, tronuto prilazi Tašani)*: Ostavi to, Tašana, ja sam kriv. *(Potreseno)*: I mojom krivicom je morala ona toliko da plače, sirota moja i dobra sestra, moja „lala", moja dobra i mila duša!

Ulazi Stana sa manjom sofrom, tanjirićima, bokalom vina i čašom.

STANA *(noseći ispred sebe sofru, tobož sebi samoj)*: I baš ne može da se živi od ovog Hadži-Riste. Sve on mora da vidi, svuda svoj nos da zavuče... E baš se od toga staroga ništa ne može.

TAŠANA *(raspoloženo Stani)*: De, de, mesto da ti budeš grđena što ne donosiš odmah, a ti počela drugoga da grdiš.

STANA *(stavlja sofru ispred Tašane i Mirona)*: Nisam od njega mogla, snaške. Znaš ga kakav je, bojim se doći će i kod nas u kujnu, i tamo sve pregledati, sve poklopce sa lonaca poskidati — pa sam morala *(pokazuje na jelo)*: ovo da sakrijem. Jer, kad bi video ove pečene džigerice i bubrege, a zna da samo mi, sluge, seljaci, tako krvavo pečeno volimo, pomislio bi da sam ja to za sebe skrila i onda bi drvlje i kamenje na mene. I zato, dok je on bio ovde, morala sam da krijem, a posle kad ode, dok ga opet podgrejah, uredih, toliko mi vreme prođe! *(Pokazujući na sofru, Tašani oduševljeno):* A ti, snaške, ovo sa dedom da jedeš! Ne znaš kako je lepo, kako je ispečeno. *(Odlazeći):* Jedi, snaške.

TAŠANA *(kleči, uzima sa sofre tanjiriće sa pečenim bubrezima i pokazuje)*: Hajde sad, dedo! Uzmi, jedi. Moraš, dedo. Evo čak sam i zemljani tanjirić naredila da se kupi. Isti onakav kakav smo imali nekada, kao deca. *(Uzima tanjirić i podnosi ga Mironu):* Gle, isti je, prost, od zemlje, čak sam ga malo i okrnjila, razbila, da bi bio onakav. Znaš, kad ti ne možeš u rukama vruće bubrege da držiš, a ja trčeći da što pre donesem tanjirić, dok ti bubrege ne baciš, udarim ga o vrata kućna i načnem. *(Pokazuje ga Mironu):* Evo, isto sam ga tako, na istom mestu, sada razbila. I da znaš koliko sam se tome radovala.

MIRON *(ustaje, potresen)*: I ja, i ja, Tašana. I hvala ti na tome. Hvala, tako mi je sada to drago. *(Odbija da jede):* Ali, da jedem, to ne mogu, neću.

TAŠANA *(mazeći se, kao ljutito)*: A zašto? Pa ja sam to za tebe, samo za tebe...

MIRON *(odbija)*: Ne, ne mogu. I nije red da ja ovde jedem i pijem.

TAŠANA *(snuždeno, kao pogađajući mu misli)*: A, zato što si sveštenik! Ali, i ti si čovek.

MIRON: Da, da, ali nije red, ne mogu.

TAŠANA *(obradovavši se što se setila)*: Pa dobro, ako nije red ovde da jedeš, a ja ću sve ovo da uvijem i da pošaljem tvojoj kući. *(Obradovana):* I bolje. Jer ću tako od sada moći, uvek, svako jelo i sve što treba, svako veče, slati kod tebe tamo u crkvu!

MIRON *(prekida je, odbija, čisto uplašeno)*: Ne, ne! A osobito uveče, tvoje jelo, tvoje piće... Ne to! *(Razdragano, bolno, više za sebe)*: Kad je veče, mrak, čovek, zato što je sam, slobodniji je, i onda više jede, više pije i više se podaje sreći, nasladi. *(Zamišljeno):* I kad bi mi ti slala, isto bi tako i sa mnom bilo. Uveče, u mojoj ćeliji, sâm ja, preda mnom tvoje jelo, čaša tvoga najboljeg vina. Moj sluga, klisar, pred vratima, uzdisao bi željno i zavidno, što on nema toliko jelo i piće, dok ja ovamo od svega toga ne bih smeo ništa okusiti. Jer, onako sâm, u noći, kada bih se dobro najeo, dobro napio i to još od tvoga jela, tvoga pića *(sebi zanosno)*: oh, ne možda, nego sigurno, sigurno, osećaji, želje, uspomene, nadvladale bi me. I to toliko da bi sa mene sve pokidale, sve na meni uništile: i razum, i ime, i dostojanstvo moje, te bi možda učinio kakvu ludost, zbog koje celog života ne bih mogao da se nakajem. *(Razdragano sam sebi):* Jer bih onda, možda, na sve zaboravivši, onako u noći, krijući se, nemo, došao čak ovamo. I ovde, ispred tvoje kuće, skriven u kakav kut, cele noći gledao kroz prozore, da kroz njih, kad promineš, na zavesama bar tvoju senku sagledam... *(Strese se):* Oh, i zato nikada tvoje jelo, nikad tvoje piće nemoj da mi šalješ.

TAŠANA *(razdragano)*: Bože, dedo!

MIRON *(savlađujući se, i da sve to preseče, naglo, čisto sekući samoga sebe)*: De drugo nešto. *(Hoće da skrene razgovor, seti se):* Baš dobro! Znaš, pre dva-tri dana bio sam na preslavi u vašem selu, gde je vaš čivluk. I zato te sada molim, naredi vašem nastojniku da seosko groblje zidom ogradi. Osobito sa reke da ozida, jer, kad nadođe, celo im groblje nosi. Pa ima tamo neka stara uzeta žena. Sve joj poumiralo. I naredi: neka je u čivluku vašem puste da tamo, u kakvoj šupi, noćeva.

TAŠANA: Hoću, hoću! Ali to nije ništa. To je tako malo, nego, da li ima nešto više, neka veća pomoć da se gde učini?

MIRON: Eh, ima! Ali ti to ne možeš. — Za to treba mnogo para. A ja bih baš voleo kada bi ti to mogla. *(Sam sebi):* A, to bi dobro bilo. Otkada mislim na to. Eh, kada bi ti to mogla, ali samo ti. Jer ovi, hadžije, kad bi im za to kazao, jedva bi dočekali da oni prilože; a ja bih voleo da samo ti priložiš, da to bude samo tvoja zadužbina. Mislim na one slepce, kljaste, bogalje, sulude, što ih toliko po varoši ima...

kad bi se mogla kakva kuća za njih pri groblju da podigne, da se ne bi na zimi mrzli, skapavali po ulicama i drumovima. I kad bi mogla ti to da podigneš, da to bude samo tvoja zadužbina, samo tvoje ime da nosi, samo tvoja slika da se drži! To bih ja voleo. Voleo bih, jer, kad od starosti i iznemoglosti ne mognem više poslužiti i ovu varošku crkvu i tamo grobljansku, već budem služio samo na groblju, čekajući smrt, onda da bar imam tu tvoju zadužbinu i u njoj tebe, tvoje ime, tvoju sliku. Pa, ako, ne daj bože, umreš pre, da onda zbog te tvoje zadužbine nikome ne može padati u oči: zašto sam jednako na tvome grobu, i zašto tebi najviše činim pomene i parastose.

TAŠANA *(raznežano)*: Bože, dedo, zar si me toliko voleo i zar sam ti toliko bola zadala?

MIRON *(gorko)*: A, ostavi to. Jednom je to svršeno. Ne da me to boli, nego sam srećan što sam zbog toga postao sveštenik. *(Klonulo)*: Ali, valjda što sam postigao sve što sam želeo, sve učinio što je trebalo da ja učinim, da postanem ovde prvi, najveći, zato valjda što sad nemam šta da želim, i zbog čega sebe da gonim — počinjem osećati ovu ne malaksalost, već starost.

TAŠANA: A, ne, dedo! Otkuda ti star?

MIRON: Da, po telu nisam, ali po duši — duša mi je stara! *(Kao nešto o čemu je toliko mislio, ali o čemu nikad do tad nije hteo da govori, tako razdragano)*: Da, Tašana, duša mi je stara! Jer duša, koja rano propati, rano sve sazna, rano se zasiti svačeg — a najgore je kad se zasiti još i znanjem i to tobož najvećim, i onda postane dovoljna sama sebi — isto tako rano ostane i usamljena, stara. *(Hoće da prekine)*: Ali, šta ja to tebi govorim?

TAŠANA: Ama, zašto, dedo? Nastavi! Govori! Istina, ako ja to sve ne mogu da razumem, kao ti, što si toliko učio, mogu bar da to osetim. Jest, evo osećam ja kako je to lepo što govoriš.

MIRON *(zagledajući je)*: Da, iz očiju ti se vidi kako bi to volela i htela da razumeš, a to mi je dosta. Ah, Tašana, da znaš kako je to strašno biti ne telom već dušom star. Da znaš kako je teško biti iznad svega, i ostati zato sam, sam...

TAŠANA: Dedo, ja znam šta je to samoća, pustoš!...

MIRON: I znati, unapred znati, da ćeš biti večito sam. Jer, i u manastiru sam ja bio sam, jer i znanjem i poštenjem bio sam najbolji, pošto sam znao da će me samo to moći održati i uzdizati iznad ostalih, koji imaju pomoći i veze sa strane. A ovde, među vama, znao sam da ću biti još više usamljen, pošto ću morati da budem iznad vašeg života.

TAŠANA: Ako ti to čini dobro, dođi, kad god zaželiš, k nama.

MIRON: Ali sam, pored one moje manastirske usamljenosti, izabrao ovu drugu, među vama, za koju sam znao da će biti i veća i teža, a to zato što sam znao: da, i ako ću biti usamljen od ljudi, od vas, neću bar biti usamljen od drveća, kuća i planine, gde sam se rodio i odrastao. Znao sam da ću, koliko puta, idući sam putem, kojim sam nekad kao dečko išao, radovati se, kad vidim kako se isti taj put proširio i povećao — isto kao i ja; drveće po njemu, koje je bilo nekada zasađeno, već iždžikljalo, izraslo sa po kojom suvom granom — isto kao i ja; planina nada mnom, u koju sam, onako mali, zbog njenog večitog zelenila i magle, uvek sa strahom poglédao, da će biti već malo gola, stara, izrešetana pukotinama i stenama — isto kao i ja što sam sa pukotinama i stenama na duši. I to će me radovati. To će mi biti jedini razgovor, jedino prijateljstvo, jer ja od ljudi nikada ne smem da očekujem ljubav, prijateljstvo, zato što moram da sam uvek ispred njih, iznad njih, da bih izazivao samo poštovanje.

TAŠANA: Bože, dedo! Ali, ne „dedo", ne „Mirone", već nekadanji Stanko, druže, komšija, zar si ti toliko nesrećan? Zar ti je toliko teško? A mi, ja, sestra tvoja, i svi, toliko ti zavidimo što si tako veliki postao, što te svi, sva varoš toliko poštuje.

MIRON *(prekide je, sam sebi govori)*: Da, mene poštuju svi. Ali najgori ljudski osećaj to je poštovanje. To je najhladniji, najteži osećaj. Poštovati nekoga znači da je taj veći, bolji od tebe. Ali zato, sa poštovanjem, uporedo ide i mržnja. Treba jednu grešku da učiniš, i sve poštovanje pretvara se u mržnju. I to ne zato što te lično mrze, što si ih *ti* prevario, nego što su se *oni* varali u tebi i puštali te da si ispred njih; da ih ti zasenjuješ, zbog tebe nisu mogli oni da se vide, nisu štrčali, nisu bili napred. I zato, posle poštovanja, jače, više i dublje te mrze. Da, da, Tašana, da znate vi svi kako je to teško biti poštovan i biti ispunjen samo vrlinama. Dok se do vrlina ne dođe, dok se radi njih čovek muči i bori, tako to čoveka zagreva i uzdiže. Ali, kad neko uspe da se sav vrlinama zaogrne, onda mu je u njima tako suho i hladno, hladno.

TAŠANA: Zar si toliko nesrećan, Stanko?

MIRON: Ništa jače, ništa veće nema od života. Oh, kako bi meni bilo kada bih imao kakvo lice, kakav kut, gde bih znao da sam uvek, u svako doba, voljen. I to ne voljen usled poštovanja, što sam prvi, najveći, ili što, ako je žena, kod nje izazivam strasne, ljubavne osećaje, ne to, ne tako — nego da voli mene kao čoveka. Da voli ovo moje lice, kosu, da žali za njima! Da ih žali, što će, ako sam na putu, po zimi, mećavi, da zebu; ako mi nije hladno, ako sam u svojoj ćeliji, možda će moja glava i čelo biti bolesni... Oh, da ima ko će žaliti ovu moju ruku koja već drhti, a koja se toliko upinjala; da žali ovo moje srce koje sluti smrt, a koje je za vas, za svet, toliko kucalo. Oh, kako bi mi bilo kad bi me neko tako žalio, tako voleo, tako čuvao; da mi je nekog kome bih umoran mogao doći, mogao uzeti mu ruku i metnuti je na svoje čelo, da mi se ohladi, umiri.

TAŠANA *(raznežno, gotovo da zaplače)*: Pa zašto, dedo, zašto da nema koga, da neće biti koga? Zašto ti to ne kažeš? Evo ja te žalim! I uvek, kad god hoćeš, u koje doba hoćeš, dođi. I ja, i deca, i moja kuća, svi ćemo biti srećni. Ne srećni što ćemo ti time vratiti ovo što si ti za nas učinio, nego srećni što ćeš nam ti dopustiti da ti štogod ugodimo. Bože moj, dedo, ta ja znam šta je to bol, samoća, pustoš, šta je to kad je čovek sam zatvoren. I evo, ja sam sva tvoja ne kao žena, već kao sestra, kći. I ako ti to čini dobro, ublažava bol, kad god zaželiš, dođi i sedi, dokle ti hoćeš. Evo ti i moja ruka.

MIRON: Ne, to...

TAŠANA: Zašto, dedo? Kad god hoćeš, u svako doba, samo dođi i kaži: „Tašana, teško mi je, daj mi tvoju ruku da metnem na svoje čelo". I uzmi je, dedo, drži je koliko hoćeš.

MIRON *(potreseno, posrće držeći se za čelo)*: Ne to! To ne sme, to neće biti! A tebi za to hvala! Ovo mi je draže i milije nego sve što sam do sad u životu postigao. Hvala ti! Da idem. *(Tare čelo, kosu, da se smiri.)*

TAŠANA: Da donesem vode da se umiješ i osvežiš?

MIRON *(pribravši se)*: Ne treba, ništa ne treba! Idem. Zbogom, Tašana! *(Odlazi.)*

TAŠANA *(sama od sreće izvaljuje se po minderluku; ne može da se nadiše od zadovoljstva)*: Oh, ala je lepo kad može čovek dobra da čini! Kako je sada ovako lepo! Oh, ovako da je uvek svetlo, ovako veselo!

Ulazi Stana.

STANA *(pokazuje napolje)*: Snaške, evo Saroša. Sigurno je on. Poznajem ga po glasu, po koraku.

Čuje se jak glas sa stranim akcentom: „Kako ste? Jeste li zdravi?"

STANA: Eno, zbunjen je, pa hoće vikom da to zabašuri.

Čuje se kako ga radosno oslovljavaju sluge i sluškinje: „O Saroše! Otkuda ti, Saroše?"

Ulazi jedna sluškinja.

SLUŠKINJA: Snaške, evo i Saroša.
TAŠANA *(ne dižući se, izvaljena, zadovoljna)*: Dobro, neka dođe. Znam, čujem da je došao.

Ulazi Saroš (u tridesetim godinama, raspusna izgleda, negovana lica, još negovanijih brkova. Sa zavrnutim rukavima, te mu se vide još lepše i nežnije ruke. Obučen u dosta aljkavo odelo, ali po kome se vidi da je, kad je prvi put krojeno i šiveno, to bilo sasvim raskošno odelo. Uvređen, a i dosta zbunjen).

TAŠANA *(ne dižući se sa minderluka, raspoložena, s prekorom)*: O... O... tako! Dobro i sada dođe!
SAROŠ *(već pribran)*: Ne bih ni sada došao.
TAŠANA *(začuđeno)*: E?
SAROŠ *(jetko)*: Da! Ne bih ni sada došao. *(Ljubomorno):* Ali vidim kako ceo svet dolazi. Sad baš čaršijom idu sa tvojom decom Hadži Rista i otac ti, Mladen. I Hadži Rista tvoga starijega dečaka obgrlio u naručje, a jednako se okreće kako bi svi videli koliko on tvoju decu voli. Kao da ih samo on voli?!
TAŠANA *(s podsmehom)*: A tebi krivo?
SAROŠ: Meni ne. Pa čak i da mi je krivo, šta sam ja, ko sam ja? Tuđin, tuđa vera! Propali Saroš. I onda, otkuda ja smem...
TAŠANA *(prekida ga s ljutnjom i ironijom)*: Gle! Gle! *(Unosi mu se u lice i zaboravljajući se u ljutini i jedu):* I ti još imaš da se ljutiš? *(Okreće se od njega gledajući ga preko ramena):* Ti? Ti?
SAROŠ *(uplašeno)*: Što me gledaš tako?
TAŠANA *(jednako preko ramena)*: Gledam te! I što je najgore po tebe — ne ljutiš me čak! *(Ponova se zaboravlja i plane):* Dakle, ti bi još imao obraza da se ljutiš! Otkad je pokojnik umro i ja u crnini...

SAROŠ *(prekida je)*: Sada znam.
TAŠANA *(okreće se i pravo njemu u lice)*: Pa kad znaš...
SAROŠ: Sad znam, sad znam. *(Sam u sebi pogađajući)*: Dakle, od kada si ti u crnini, u tuzi, ja zato nikada nisam došao.
TAŠANA *(prkosno seda na minderluk sproću njega)*: Da!
SAROŠ *(uzrujan, korača, lomi prste)*: Što se od tada nije jelo i pilo? A sada, kada si prestala da žališ, kad su opet počeli gosti da ti dolaze, i časte se... zato ponova dolazim!... *(Ne verujući sebi, razrogačen, Tašani)*: Aman, Tašana?
TAŠANA *(jetko s nasladom)*: Da, da!
SAROŠ *(besno)*: Ni ti, niti iko tako što o meni ne sme da misli. A najmanje ti! Ti to ne smeš tako o meni...
TAŠANA *(besno, ulivajući sav bol, jad)*: Smem! I hoću! I istina je! Jer ja sam po tebi mogla da presvisnem, da skončam, da sama sebi glave dođem. I ti nikad da priviriš. *(Gorko)*: Oh, ne da me utešiš, no bar da me sažališ i da vidiš kako mi je. Da vidiš Tašanu koju si tobože sestrom nazivao, koja te je, kada si sa pokojnikom dolazio, kao brata pazila. *(Sećajući se na sav bol, jad, muke, suze joj podođe. Seda od besa, gotovo se izvaljuje na minderluk, naslanja glavu o dlan, te joj se rukav zavrće i vidi gola ruka.)*
SAROŠ *(držeći se za glavu)*: Imaš pravo, imaš pravo. Da, istina je. Ja sam kriv! *(Spazi njenu golu ruku)*: Pokri to! Može ko ući i videti te takvu.
TAŠANA *(u prkos)*: Neću. Pred tobom neću da se krijem. Nisam se krila ni pre, kad si s pokojnikom dolazio, pa neću ni sada.
SAROŠ *(prekida je)*: Pre si bila druga, a sada si druga...
TAŠANA: Nisam. Za tebe sam uvek ista. A sad još manje imam da se od tebe krijem, stidim, bojim.
SAROŠ *(gorko, kao jedva čekajući na to)*: Da, da. Ne samo ti, već niko od mene nema da se stidi i boji. Jer šta sam ja, koji? Za vas, Hrišćane — Turčin, tuđa vera; a opet za moje, nisam pravi Turčin,

jer ne mogu da vas mrzim onako kao što vas oni mrze. Čak, slađe mi je vaše društvo nego njihovo, pošto sam sa vama: s tobom, s pokojnim ti mužem, i ostalim mojim komšijama, odrastao, zajedno smo se igrali. I tako nisam onda ničiji. I uvek tako, celog života. I još ti! Ti da me naružiš, kako zbog žalosti nisam dolazio!

TAŠANA *(upada, više kao sebi, idući po sobi)*: Da, da, baš zato što sam znala da nisi ničiji, da nemaš nikoga svoga, zato sam te onoliko žalila, onoliko kao nešto svoje, kao brata imala. I zato, dok sam bila sama, pusta, zatvorena, tešila sam se da kad ti dođeš, da bar pred tobom mogu dušom dahnuti. Ne da se nasmejem, nego da se ne trzam, kao što pred drugima moram, bojeći se da ne učinim nešto što nije red i običaj da udovica učini. *(Gorko)*: Oh, ali tebe nikako! Da, da... Pokojnik umro... nestalo gozbe i veselja.

SAROŠ *(ustukne)*: Tašano, Tašano, opet ti?! — *(Uplašeno)*: Ama, ti ne znaš zašto ja nisam dolazio! Ne znaš ti, Tašano!

TAŠANA *(jetko)*: Ne znam. I neću da znam.

SAROŠ *(odlučno)*: Znaćeš! Znaćeš! A kunem ti se: ni na samrti, ni na onom svetu, nikad ne bih kazao.

TAŠANA *(prekida ga, uznemireno)*: Šta to?

SAROŠ *(rešeno, spremajući se)*: To! Evo... Sada!

(Pauza.)

TAŠANA *(sva uznemirena izmiče ispred njega)*.

SAROŠ *(zadržava je)*: Šta uzmičeš?

TAŠANA *(uplašeno)*: Šta je to, zaboga?

SAROŠ *(k njoj, iz dubine)*: Vidiš i sama šta je to, koliko je to, pa zato i bežiš. To je: nisam dolazio — zato što sam te voleo, i što te volim!

TAŠANA *(ustukne, preneražena)*: Saroše, jesi lud?! Nisam ja kao druge!

SAROŠ *(prekida je)*: Oh, pa to je najgore što nisi kao druge, kao svaka! Ah, kamo sreće da si kao svaka druga, onda, kao za svaku, ja bih imao reči, uzdahe, uvijanje, prenemaganje. Ali ti si — ti! Tašana! Tašana, kakvu do sada ne videh. Tašana, koja mi je ušla u krv, koja mi se upila u mozak!

TAŠANA *(poniknuto)*: Ćuti! Ćuti! Zar nije bilo greh da ti, koji si onoliko sa pokojnikom drugovao, njegov hleb i so jeo... u isto vreme...

SAROŠ *(otvoreno)*: Zašto greh? Rekoh li ja to kome? Eto, ti si tu, pa reci: pogledah li te kako ne treba? I da pokojnik ostade u životu, ostala bi mi sestra. A ti si prema meni toliko dobra, toliko mila bila. Nisi me od svoga muža odvajala, već si me, kao brata, zajedno s njime čuvala, dvorila i negovala. Žalila si me kao svoga rođenog. A to što si me žalila, to me je i ubilo. Misliš ti, nisam ja bežao od tebe? Koliko puta sam odlazio. Zbog moje pesme, bekrijanja. Ti znaš da mi je svaka kuća, osobito naše, turske, otvorena. I, da tebe zaboravim, izabrao sam najlepšu, najbešnju. Glavu sam u torbu metao, da dođem do nje. Ali, kad je poljubih, oh! odmah osetih kako mi njena usta nisu slatka kao što bi tvoja možda bila.

TAŠANA *(uznemireno, uplašeno, zvera da ko ne čuje)*: Ćuti! Ćuti!

SAROŠ *(zaneseno)*: I kad bolestan ležim, osećam kako bi mi lakše bilo kad bi me ti negovala. Znam da bi boljka, glava, brzo prešla, kad bih ležao i odmarao se na tvome krilu.

TAŠANA *(više za sebe)*: Crna tvoja majka i sestra!

SAROŠ *(ganuto)*: Zašto spominješ moju majku i sestru? Veliš: kad ti ne možeš da me čuvaš i neguješ, što bar one nisu onda tu... Vidiš kolika si i kakva, Tašana? Oh, vidiš? *(Pristupa joj, nadnosi se nad njom)*: Evo ne drhtim, ne klecam od strasti za tvojim telom, već samo osećam kako bi mi tu, kod tebe, bilo sve moje: i sreća, i mir, pokoj, kuća... Eto šta si ti za mene i kakva! Sada moraš sve da znaš.

TAŠANA *(jednako poniknuta, izgubljena, otimljući se)*: Neću sada da znam, već idi! Idi ti sada!

SAROŠ: Neću da idem, hoću sve da znaš. Znaš li? Sećaš li se? Moraš, moraš znati, moraš se sećati. Kada i ja i pokojnik, posle lutanja po mehanama, dođemo onda ovamo *(pokazuje na sobu):* evo u ovu istu sobu, samo tad punu, punu razmeštenih postelja, jastuka, a najviše punu tvojih, ženskih haljina... I pokojnik se veseli, sevdališe. A ti, da bi nas razdragala, morala si u razna odela da se oblačiš, na krilu da mu ležiš... Sećaš li se zašto sam ja tada, uvek, pevao istu pesmu: „Bolan mi leži Kara-Mustafa, bolan mi leži, hoće da umre"?

TAŠANA *(poniknuto)*: Pa zar si ti i tada to mislio?... Bože, Bože! A on, pokojnik, kao brata, kao brata te dovodio.

SAROŠ: Da! I bio sam mu brat. Jer, kad biste vas dvoje pali od umora i zaspali, mogao sam te poljubiti, ali nisam hteo. Jer sam se bojao da sutra on, pokojnik, po mojim očima i ustima, to ne pozna. Sada eto znaj, kada sam završavao pesmu, kad ga pitam: „Ko da ti ljubi tanku Stojanku?" i kad on odgovara: „Neka je ljubi taj Hajduk-Veljko", ja sam uvek zamišljao da on tebe meni ostavlja. I znam, kad je umirao, da sam ga zamolio: „Pobratime, kardo, daj i ostavi meni Tašanu", da bi mi te on dao, kao što bih ja, kada bih umirao i imao takvu ženu, samo je njemu ostavio. *(Uzrujano)*: Ah!

TAŠANA *(zaboravlja se, raznoženo)*: Lud si ti, lud! I dokle ćeš tako da si lud? Kada ćeš se već jednom opametiti? *(Odjednom se osvešćuje i videći šta čini, užasnuto odbija ga, uzmiče od njega)*: Ali ne! Ne! Ne! Idi, idi sada!

SAROŠ *(gorko ali sa nadom, čak već i uveren u uspeh)*: Idem. I ako mi po Stani ne poručiš, ne javiš štogod, ja sutra odoh zanavek odavde. Bolje mi je u tuđini da umrem, nego ovde da umirem pored tebe i željan tebe. *(Odlazi.)*

TAŠANA *(usplahirena, unezverena. Hvata se za glavu. Odjednom odbacuje ruke, sva prestrašena)*: Luda! Luda! Ja sam luda! *(Viče)*: Stano! Stano!

Ulazi Stana.

TAŠANA *(pokazujući Stani na varoš, ulicu, kapiju)*: Stano, zatvaraj! Zatvaraj kapiju da ko ne uđe!... Zatvaraj sve, i ne puštaj nikoga.
STANA *(dosetivši se, sa osmehom)*: E ako, ako, snaške. Nije nego! Ne živi se da...
TAŠANA *(uplašena, unezverena, sa strahom gledajući na kapiju)*: Zatvaraj, Stano! Ne puštaj, Stano! Da ko ne dođe, ne uđe i ne vidi me ovakvu? I decu mi dovedi, decu...
STANA: Nisu tu deca. A ti ne boj se. Zatvoriću ja sve. Neću nikoga pustiti. Ne boj se ti. Ništa nije.
TAŠANA *(Stani)*: Oh, Stano! Oh, Stano! Oh, Stano! *(Trza se)*: Ali, je li, Stano, ja njemu nisam ništa odgovorila? I niko ništa nije čuo?
STANA *(sa smehom, razdragana)*: Ništa nisi, ništa, snaške. Ali oči ti i lice mnogo govore. Sva se sijaš, sva si srećna!
TAŠANA *(zagrli Stanu)*: Oh ćuti! Ćuti, Stano!
STANA: Sva se sijaš, srećna si.

TREĆI ČIN

Kafana prosta. Pored zidova drveni minderluci ali široki, sa pokojom asurom i prljavim jastukom, za bogatije goste. Po ćoškovima na zemlji po dve-tri tronožne stolice oko mangala sa ugašenim žarom. Kelneraj u uglu ograđen i po njegovim pregradama poređana stakla, čaše i litrovi. Na sredini tavanice visi oveća lampa. U kelneraju, gore, dve lojane sveće, kojima se gazda i momci služe kad idu u podrum da toče piće.
Čuje se lupa na kafanskom ulazu. Iz svoje sobe iza kelneraja istrči kafedžija bunovan, češe se, zeva, protežući se.

KAFEDŽIJA *(obučen upola grčki upola cincarski, u anteriju, kratko džube, zasukanih rukava, na glavi veliki fes, sve prljavo, dronjavo)*: Tepaj se od tuka! Ne čukaj, da te ne čuknem sas nekoj čabrnjak. *(Opet lupa):* Ama pa koj si ti?
SAROŠ: Ja, Saroš.
KAFEDŽIJA: Saroš li? Eli sâm, eli sas begovi?
SAROŠ: Sad će i begovi i svirači. Otvori.
KAFEDŽIJA: Lele, Saroš, rode sladak! Kako na teb da ne otvorem? Zar na teb da ne otvorem? Zar na teb, seftedžiju? Od teb sefte, a od gospoda berićet, te da i begovska para kapne u moja ćesa! *(Slugama):* Ristaći, Kostaći, ustanajte bre i ložite vatra! *(Sarošu):* Sag, sag, pile moje. Sal lampa dok zapalam. Oh, srećo moja! Ispolaj na

gospoda da mi te posla! *(Otvori):* Izvolevaj, dušice slatka. Ot tebete pobolji seftedžija nema.

SAROŠ *(mračno)*: Daj dva momka.

KAFEDŽIJA *(viče)*: Kostaći, Ristaći!

KOSTA i RISTA *(spolja, iza kelneraja)*: A?

KAFEDŽIJA *(poleti k njima)*: Kakvo „a"? Aksilos! Nemat „a", nego brgo ovam. Da ne poručate ćuteci.

Dolaze Kosta i Rista (zakopčavajući i stežući pocepane pojaseve, bunovni).

KAFEDŽIJA *(pokaže Saroša)*: Agu da slušate.

SAROŠ: Nisam ja aga. *(Kosti i Risti):* Jedan do Naze, drugi do Rešid-bega. Čujem, kod njega je veselje, tamo su i ostali begovi. I Naza sa svojom družinom da dođe, a begovi tako isto. Kažite da ja zovem. *(Baci im novac na pod):* Na, evo bakšiš!

KAFEDŽIJA: Brgo, sve po tri koraci u edan da faćate, pa kad mislem da ste tam, a vi da ste ovdeka.

KOSTA i RISTA *(obradovani bakšišom odlaze)*.

KAFEDŽIJA *(Sarošu)*: Sedi si, sedi si, pile moje. Iskaš da donesem raćija?

SAROŠ: Imaš li dobro piće?

KAFEDŽIJA: Imam, imam. Kako da nemam! Imam raćija što gu pijet sultanova majka i begovi. Prava bela raćija. Anasonlika od sto godini. Još Adži Derviš odi Perister planinu što gu piješe, pa sag ti će gu piješ. I kome da davam taka raćija? Zar za komšije i ristijani? Ta stoka neje za taj raćija. A ristijani, kad izlegnu na pazar, donesu odi svoj dom svoja raćija i leb, sal čanče fasuljot što zemat od meneme. Sal Cigani i prosjaci što u subotu dojdev ovdek da ispijev po koja, a na njim gi davam špirtulja.

SAROŠ: Dobro, idi natoči. Pa spremi sve, sad će i begovi.

KAFEDŽIJA: Sag, sag, moljem. *(Ode. Peva.)*

SAROŠ *(hvata se za čelo)*: Šta učinih, šta učinih! Što se zaklah? Jedino mesto gde bih osetio da sam čovek, to bi bilo tamo. Jedina kuća, soba, gde sam mogao da se odmorim, očistim od begovske haremske memle, od njinih jela, pića, od teških jorgana i jastuka što zaudaraju na ustajani duvan i burmut, kao i ovi kafanski minderluci i jastuci...

KAFEDŽIJA *(dolazi i donosi rakiju)*: Izvolevaj, Saroš. *(Ode.)*

SAROŠ *(uzme rakiju i pije)*: Oh tamo, kod nje, mogao sam danima da ležim, da udišem onaj čist svetao vazduh što miriše na bosiljak i ispajane ćilimove. Da gledam kako ona, još čistija i svežija, prolazi pored mene, čak i služi me, dvori, i po njenom licu, osmehu, vidim kako je njoj milo što je meni dobro kod nje. I sada sve to izgubih, upropastih, svojom nogom zgazih. I to kako? Gadno. *(Hvata se za čelo, pije)*: Pih, pih, pa bar da se potukoh sa slugama, da polomih, načinih kakav rusvaj pijan, nego, nego pokvaren, fukara! Pih! *(Pije)*: Ja sam mislio na nju, hteo nju, i time da im vratim sve dobro. Ba! Ovo se ne može više! Dva puta pokušah da sebi dođem glave. Evo nikako ne spavam. I sad, poslednje veselje, poslednje piće! *(Vadi kesu)*: Da popijem ove pare prljave, što sam zaradio pijući i pevajući begovima. *(Pije)*: I sutra, peške, gologlav, na carski drum i iz hana u han, iz varoši u varoš, dok negde ne lipšem, skapam, na nekom hanskom đubretu ili štali. *(Najednom skoči)*: Idem, idem. Ne mogu sâm. Ne smem da sam sâm. *(Odlazi.)*

KAFEDŽIJA *(viče spolja dok momak plače)*: Ovam ti, nestreći! Aman, bre, otresi se, nestreći jedna. Gledaj go, na nozi spijet! Otresi se, tresli te mrtvog, da daji gospod. Sag je zgoda za ališ-veriš, da se zarade malo-mnogo pari. Zakopčaj tija grudi. Vrži nogavice, te kako čovek da si, zašto trebe da služiš gosti. Elem slušaj: Za Cigani će točiš onaj špirtulja a za begovi prepečenica. Za Cigani jeksik mera a za begovi, kad počnu da pijat, prava mera. A kat gi ufati piće, ti udri i na nji jeksik mera, za to da gim točiš iz onija šišići što sam gi butnaja u tezga. Da upantiš. Na tezga prava mera, dok se ne opijev, a kad se opijev a ti sipaj u šišići što su pod tezga. Ama, da se ne opiješ, zašto će poručaš ćuteci, dor mrtaf ne staneš!

SLUGA *(zabezeknut)*: A, be gazdo, do sag nesam služija ni gazde u kafani, a dekmol begovi. Bojim se, će se sopletem, pa nekem na glavu a nekem u nedra da izručim piće. Pa me straf da izručam ćuteci i toj onoj pravo turcko tepanje!

KAFEDŽIJA: Može, može, de. Ja ćem sve okolo teb da sam. Čak i ruci da ti pridržim. Ja ti ne bi' dao sam da točiš, ama, ako begovi poznaf krivu meru, da ne bidnem ja krif, nego da ispadneš ti. I zatoj ću te baksim pred nji da te tepam. Zatoj ti ovo kazujem, da posle nemaš zla volja na menme za tija šamari što si gi od mene izručaja. Sag brgo na posla! *(Ugura ga u podrum i gviri.)*

Ulazi Saroš.

SAROŠ: Zar još nikoga? Ah, sada! *(Poteže jatagan, hoće da se ubije. Trza se, vraća nož.)*
KAFEDŽIJA: Sag će, sag će, moljem. Sakaš li taze raćija?
SAROŠ: Daj!
KAFEDŽIJA: Aha, eve gu. Ja! Čista, suza, ak prepečenica, ama ladna, bolan da gu piješ!
SAROŠ *(odgurne staklo i metne ga ispred sebe)*: Neću da pijem. Neću.

Ulazi Naza (ogrnuta feredžom, sa dahirama ispod pazuha).

NAZA *(uplašeno Sarošu)*: Što je to, što ovako dockan, u nevreme, veselje i svirka? Da me je sam paša zvao ne bih mu došla, ama ti, ti si moj paša! Sad će i družina da dođe, a ja potrčah da vidim šta je.

SAROŠ *(pokazuje joj da sedne)*: Sedi. Hoću veselje. Sahranjujem se, i za moj parastos ovo poslednje veselje!
NAZA: Lele! Da te opet kod kakve bule ili hrišćanke ne uhvatiše?
SAROŠ: Još gore.
NAZA: Pa šta je, zaboga, to tako strašno?
SAROŠ *(privlači Nazu u poverenju)*: Slušaj, sestro!
NAZA *(zaradovana)*: Znala sam ja da sam sestra za tebe.
SAROŠ: Da, sestra. Sestra si mi i po zanatu i po životu. Slušaj, Nazo! Imao sam, u celom ovom golemom svetu, samo jedno mesto, jednu kuću, gde sam mogao danima, mesecima, da sedim, ležim, jedem i pijem. Ako legnem, donese mi se preobuka a moja je već sutra oprana, osušena, lakat na mintanu okrpljen, dugmeta prišivena. I to ne iz straha što sam Turčin i što mogu zulum da činim, već iz ljubavi, kao brata, a najviše iz sažaljenja što sam siroče, sam bez igde ikoga, što od begovske milosti živim dok jednoga dana, ko zna u kojoj mehani i pod kojim ćepenkom u čaršiji, ne nađu me mrtva. *(Uzrujano Nazi):* Slušaš li?
NAZA: Slušam i slutim.
SAROŠ: Eto, takvu ljubav što ni sultan ne može da ima, ljubav iz sažaljenja, iz miloste, dobrog srca, ja sam nogom zgazio. Više prag te kuće ne smem da prekoračim, neće me ni primiti; a ako me i primi, jer toliko je dobra, neće izlaziti pred mene. Njene sluškinje će me dočekati.
NAZA: Tašana?
SAROŠ *(uplašeno)*: Ćut! Ja to ne rekoh, i sada to ime da se ne spomene! *(Nazi):* Jest, ona, Tašana. I vidi koliko si mi sestra: što ni rođenoj materi ne bih kazao, evo tebi kazah, jer znam da iz tvojah usta neće izići.
NAZA: Nema sam kao noć!
SAROŠ: Da. Otkad poče ponova da prima goste, da živi, odem joj i ja. Ali, ona me napade. „Svima ću", veli, „da oprostim, samo tebi

ne. Zar ti, koga sam kao brata dočekivala, ne nađe da me pohodiš, da vidiš kako mi je samoj, zatvorenoj, u crnini? Dakle", veli, „dok se sa pokojnikom jelo i pilo, nisi izbivao odavde, a otkada gozbe presta — i tebe nesta." I to, to me zakla, obezumi. Kazah joj istinu. Dok joj je muž bio živ, ja sam bio siguran da neću na njen obraz udariti; ali, otkad je ostala udovica, sama, slobodna, ne bih mogao odoleti da joj ne kažem koliko je volim. I sad, sve izgubih. Pre, kada to nije znala, posluživala me a rukav njene košulje dotakne moju ruku, pramen njene kose, kurjuk, dodirne me po licu; seda slobodno kod mene, čak me i za čelo, glavu uhvati i prekori: „Opet si noćas. Dokle ćeš? Što ne paziš na sebe?" Sada sve to izgubih, Nazo. I zato, ovo je poslednje veselje. Sutra, na konju ili peške, odoh odavde, zauvek. Jer bez nje, njene kuće, ne mogu, a k njoj — ne smem. Pokušah da sam sebi sudim a ruka — kukavica drhti. *(Vadi jatagan iz silava, baca ga):* Šta ćeš mi ti, bre, kada ti je gazda kukavica?

NAZA *(uzima nož natrag i vraća ga Sarošu)*: Nemoj, da ti se smeju begovi kada te vide bez oružja.

Čuje se svirka Cigana, čočeka i njihov dolazak.
Ispred njih, igrajući, momak Kosta koji ih je zvao.
Čuje se izdaleka pesma:

Istambol da čika rir kete nalva,
Kete nalva gitiler, vaj, kokona!

KAFEDŽIJA *(osluškujući i strepeći da ne odu svirači na drugo mesto)*: Šta je, kome sviraju?

KOSTA *(ulazi)*: Meni, meni. Za moj račun. I mladoženjsko sam oro igrao. Ko zna da li ću da se ženim, pa bar ovako. I dobro sam platio. *(Odlazi.)*

KAFEDŽIJA *(odgledajući ga)*: Platio, platio! Zatoj ćeš posle celo leto da timariš selske konje.

Ulaze Cigani i čočeci pevajući i igrajući „Istambol da..."

KAFEDŽIJA *(izvirujući)*: Ete gi i begovi! *(Ciganima)*: Hajde bre! Šta se skanjerate?
SAROŠ *(Ciganima)*: Zauzimajte tamo mesta! *(Kafedžiji)*: Donesi im rakije.

Ulaze begovi. Ispred svakog sluga, osvetljavajući mu put, nosi fenjer. Sve sluge sa fenjerima prolaze i odlaze u dvorište. Kafedžija i momci prihvataju begovima njihove kratke, skupocenim krznom postavljene kolije i vešaju ih o zid.

KAFEDŽIJA *(uslužno čisti prljavom krpom i namešta jastuke za sedenje)*: Izvolte, izvolte sedite, čisto je.
BEGOVI *(grleći se sa Sarošem)*: Gde si, bre, kako si, Saroše? Ubi nas dosada bez tebe. Nema veselja bez tebe. *(Sedaju i izvaljuju se po minderlucima.)*
REŠID BEG: I znaš kao da si pogodio. Kada dođe momak i javi da nas zoveš, mi smo svi bili kod mene. Juče sam mog Asu zaženio i zaprosio mu devojku. I sada tri dana veselje. Eno ostavih gočeve i zurle da sviraju. I kada nam ti javi, jedva dočekasmo.
SVI BEGOVI: Tako je, jedva dočekasmo.
REŠID BEG: Baš dobro da mi stari ostavimo mlađima i ženskadiji da se vesele u haremu. Mi ćemo sa Sarošem.
SVI BEGOVI: Sa Sarošem.
REŠID BEG: A ujutru da produžimo u moj čivluk i Donjo Vranje. *(Zagleda kafanu)*: A dobru si i kafanu izabrao. Sklonjena, u

mahali, a nije kao u čaršiji, pa svaki ko prođe da zaviruje. Ovde sam kao kod svoje kuće.

SVI BEGOVI: Tako je!

JUSUF BEG *(sedajući do Saroša)*: Saroše, bre, još od kad ti glas i pesmu nisam čuo! Ono, istina i ja pokatkad zapevam.

SVI BEGOVI: Poj bre, Saroše, poj!

SAROŠ *(dosta smrknuto)*: Sada, ovde, ne. Zvao sam vas u goste i na vas je red da se veselimo i pevamo, a sutra u Donjo Vranje moje je. Dede, bre, čočeci! Svirka: „Teško oro!"

Čočeci igraju. Naza baca jelek. Ispred izvaljenih begova igra po jedan čoček. U strani Cigani muškarci sviraju „Teško oro"; čočeci ih prate dahirama. Begovi čočecima lepe medžidije po čelima.

BEGOVI: Saroše, gde si do sada?

SAROŠ *(ne čuje ih, jer ushićeno posmatra Nazinu igru koja je namenjena samo njemu)*.

BEGOVI *(bacaju Nazi kese i viču)*: Za nas igraj, Nazo!

NAZA: Jok, za vas ne, sal za Saroša!

BEGOVI: Aman, bre!

NAZA *(skuplja bakšiš, prilazi kradom kafedžiji i daje mu novac, tiho govoreći)*: Ovo plaćam za Saroša.

REŠID BEG *(Sarošu)*: Efendum, bre!

DŽAFER BEG *(grleći Saroša)*: Kardaš, bre!

REŠID BEG: Dokle će se ovako, Džafer-beže?

DŽAFER BEG: Dok se živi, Rešid-beže.

REŠID BEG: Oh, mnogo je ubav život! Mnogo je sladak! *(Čočecima baca novac)*: De, bre, de! *(Kafedžiji)*: Daj nam rakije! Nek je sve veselo, pijmo. Veselo, veselo! *(Okreće se najstarijem begu)*: De, Ahmet-beže, „Veselu, veselu Stojnu", tvoju Stojnu, čivčiku, radi koje ti zamalo verom ne promenu.

AHMET BEG *(uzbuđeno)*: Jok to, ne, ne to!
SVI BEGOVI: Ne to, ne to.
REŠID BEG: To, to, tvoju Stojnu... *(Duboko uzdiše)*: Eh, i ja sam imao u moj čivluk ne Stojnu, nego Vasku. Ubavo, milo, krasno dete. Zajedno, kao deca, igrasmo se, kupasmo se u reci, pravismo kuće u pesku. A posle, kad odrastosmo, razdvojismo se: ona u svoj dom, seljački, ograđen guvnom, stogovima sena i čoporima pasa; ja u čivluk, mladi beg, opkoljen starim krezubavim hanumama. I ona u njenu crkvu, ja u moju džamiju. Oh, a ista reka teče, u koju se kupasmo i brčkasmo, isto trepere i šumore topole pod kojima smo se odmarali. Oh, de, beže: „Veselo, Stojno, Veselo".

Svirka i pesma:

Veselo, Stojno, mori, veselo!
Što nesi uvek, mori, veselo?
Da li ti je žalba, mori, za mene,
Što ne smem, tugo mori, da te zemam?

Za vreme pevanja svi razdragani, samo Rešid beg duboko zamišljen. Pri kraju pevanja Jusuf beg se obraća Rešid-begu.

JUSUF BEG: Šta tako duboko misliš, Rešide?
REŠID BEG: Gledam kako reka podlokala Vaskinu baštu. Plot, oko nje, sav se naherio. Gore, zasađeno njeno cveće, paprike i crni luk. Sve će to da se stropošta u reku. Zovem svoga baštovana da taj plot podigne i utvrdi, a on veli: „Ao, be, kuda se je čulo i videlo da beg čivčijama njive i bašte opravlja?" Oterah ga. Sutra preko vodeničara naredih da dva seljaka to oprave i u red dovedu. I kada ona dođe, vide da joj je cveće sačuvano, da reka nije podlokala i odnela sve, oh, kada dođe, uzabra cveće i pogleda ovamo, preko reke,

u moj čivluk, samo što uzdahnu: „Rešide, Rešide, ti si ovo..." *(Nazi i drugima):* Nazo, bre!

NAZA: Rešid-beže, evo me.

REŠID BEG *(barata po pojasu)*: Nazo, čekaj! Kod mene se sad buni, vri. Čekaj! A para biće. *(Vadi iz pojasa jednu kesu s parama):* Vidiš ove pare, ovu kesu, ona je odvojena — to je zakupnina od njena čivluka. Od Vaskinog napoličarskog rada, od njene njive, bašte, to su ovde pare. I pare u njeno ime, u njen i moj sevdah će da idu. Od sevdaha su one došle, u sevdah nek idu! Na, evo ti!

NAZA *(uzima novac i odnosi ga krišom kafedžiji, šapćući)*: I ovo plaćam za Saroša! Mnogo mi je bolan pobratim. Ali, hm, sad ću ja. *(Ode.)*

AHMET BEG *(veselo)*: O Saroše, Saroše. Gde si bre, Saroše? Naše kuće opusteše bez tebe. Toliko teferiče pravismo, a tvoja pesma ne ču se tamo, kod nas.

SAROŠ: Ne pevam ja po porudžbini, po ćefu vašem.

REŠID BEG *(uvređen)*: Pa, Saroše, pevaše ti po ćefu Tašanina muža, u hrišćanskim kućama. Tamo ti bilo milije, nego li kod nas, i u našoj veri.

SAROŠ: Nema tu naša i vaša... Anadolac nesam. Ovde sam se ja rodio i odrastao. Pljačkavica je moja, Markovo Kale je moje, reka je moja, Sobina je moja. Ja sam dete ovoga kraja. Za mene nema Srbin i Turčin, naše i vaše... *(Odsečno):* A ako me vera odvaja, vera me neće odvojiti!

DŽAFER BEG: Ti si naš.

JUSUF BEG *(Sarošu, da bi ga razveselio)*: Saroše, ni ja nesam Anadolac. Kao što ti reče maločas, tako i ja kažem sada: „Pljačkavica je moja, Markovo Kale je moje, reka je moja, Sobina je moja!..." Tuđ li sam ja čovek kod tebe?

SAROŠ: Jok, braća smo!

AHMET BEG: Za tu reč — Mane, bre! — sve što se noćas potroši, ja plaćam. Hajde, čočeci, ovamo! Igru!

Igra se: „Čoček avasi".
Vraća se Naza.

NAZA: Lele!
REŠID BEG *(spazivši Nazu)*: Ja, a gde si do sad, moja stara đuvendijo?
NAZA *(ponizno Rešidu)*: Beh na avu, pripade mi nešto teško, neka muka na srce, pa iskočih na dvor da se ohladim.
REŠID BEG: Ti na avu? Ti tvoju faraonsku cigansku krv da ohladiš? Ni kada umreš, pa ni tada nećeš biti hladna. Nego, ko ga li kod koje, ili neke naše bule, ili neke hrišćanske udovice, odvede?
NAZA: O biva, biva i to ponekad. Pa neje pravo da ti beguješ, a mi da gladujemo. Svaki svoj zanat!
REŠID BEG: Ako de, ako!... Cigani, bre, svirajte!

Svirka i igra dugo. Zora sviće. Na vranjanskoj Sabornoj crkvi udara zvono jutrenje.

REŠID BEG *(viče)*: Mehandžija!

Mane utrča.

REŠID BEG *(pokazuje na piće)*: Mane, bre, imaš li još od ove rakije?
KAFEDŽIJA: Ima, ima.
REŠID BEG: Doći će moji momci i daćeš im dvadeset-trideset oka.
KAFEDŽIJA: Hoću, hoću.

SAROŠ *(Nazi uzbuđeno i dosećajući se)*: Šta je? Šta je? Da nisi nešto?

Cigani sviraju: „Mekam".

SVI BEGOVI *(skupljaju se oko njih).*
NAZA i SAROŠ *(ostaju sami u jednom uglu pozornice).*
NAZA: Ćuti! Je l' sam ti sestra?
SAROŠ: Jesi.
NAZA: Pa zar sestra sme da pusti da joj se brat ubija i upropasti?
SAROŠ: Sad me ubi. Gde si, zaboga, bila?
NAZA: Tamo gde sam trebala. I dobro je što sam bila. Ali me ne prekidaj. Moram da se žurim da stignem družinu. Dakle, kada poče zora, kao što znaš, ja se izgubih. Odoh pravo tamo. Kod Stane. Znam da rano ustaje.
SAROŠ: Kod nje. Sad i ona zna. Sad me sasvim...
NAZA *(užurbano)*: Stana za mene glavu daje. Jednom ja sam njoj glavu sačuvala, kada je neke bule još Hadži-Stevanu dovela. I da ne rekoh da sam to ja učinila, ubili bi je, a begovi na mene nisu hteli, jer vele: „Zar i na Ciganku ruku da dižemo? To joj je i zanat, ona i naše i njine žene..." Ja Stani sve ispričah, a ona se smeje, veli: „Baš snaške nije ljuta, još je veselija, smeje se." Ode gore kod nje. Otuda čujem smeh i reči: „Lud li je, lud?" Vrnu se Stana i reče mi: „Idi i kaži mu neka ne pravi tamo po mehani koješta. A može da dođe kad hoće. Eto sutra, ako hoće, neka dođe. Samo docnije. Ja ću da ga dočekam." I sad ti pravo kući i ispavaj se.

Pesma i igra:

Memete, more, Memete,
Tri sela vikav na tebe,

Četvrto selo Kulino:
Koliko li im obljubi
Sve mlade žene nerotke
A i ubave devojke!
Memete, more, Memete,
Dokle će vikav na tebe?

Po svršenoj igri begovi, Cigani i čočeci odlaze.

SAROŠ *(ode za njima).*

ČETVRTI ČIN

Čuje se pesma i svirka aga koji prolaze pored kuće Tašanine. Tašanina soba. Uveliko dan. Po sobi posluje Tašana. Malo dublje zabrađena šamijom, da joj prašina ne pada na kosu i lice, obučena u svakidanje odelo, samo u jeleku, sasvim nezakopčana, bez pojasa, već između jeleka i šalvara velika razdaljina.
Ulazi Stana.

TAŠANA *(ne prekidajući nameštanje)*: Stano, šta je? Jesi sve spremila?

STANA: Hm, hm! I momci već odneše ručak argatima na njivu. A kako je lep dan i biće vrućina, decu sam poslala s Dikom u baštu da se tamo igraju i u reci brčkaju.

TAŠANA *(uplašena)*: A voda, da nije duboka?

STANA: Kako „duboka"? Presušila pa ne možeš ni izvor da nađeš. Nego, neka se onako gola na suncu igraju. *(S podsmehom tajanstveno)*: Neko došao!

TAŠANA *(ne prekidajući posao)*: Ko?

STANA: Pa znaš, Saroš.

TAŠANA *(radosno)*: E, je l' se istreznio?

STANA: More izgleda da nije ni bio pijan. Sav se nekako izgubio, pomeo.

TAŠANA: Dobro, neka dođe. Samo da mi opet koješta ne govori.

STANA: More kako! Kuka i moli... Samo da mu oprostiš. *(Odlazi.)*
TAŠANA *(prilazi ogledalu, šamiju jače razgrće, da joj se vidi više lice i kosa; jelek bolje zakopčava i više diže šalvare, da bliže dođu jeleku; seda na minderluk).*

Ulazi Saroš.

SAROŠ *(ne sme dalje da kroči)*: Dobro jutro! Smem li?
TAŠANA: More, ulazi!
SAROŠ *(nesigurnim korakom korača).*
TAŠANA *(pokazuje mu na minderluk)*: Sedi.
SAROŠ: Zar i da sednem? *(Bojažljivo, dalje od Tašane, polusedajući kleče.)*
TAŠANA: Šta je? Jesi se ispavao, odmorio? Šta je to noćas bilo? Opet tvoje. Opet si počeo.
SAROŠ *(snuždeno)*: Završio sam, nisam počeo.
TAŠANA *(u ironiji)*: Pa onda u svet?
SAROŠ: U đubre a ne u svet.
TAŠANA: De, de, pa toliko. *(Viče na ulazu):* Stano!

Ulazi Stana (sa poslužavnikom s pićem i kafom).

STANA: Evo, evo. Znam zašto me zoveš. Evo za našega Saroša.
SAROŠ *(mračno)*: Teraj komediju.
STANA *(stavlja poslužavnik između Saroša i Tašane; Sarošu)*: Kamo taj duvan?
SAROŠ *(vadi iz pojasa kutiju s duvanom i pruža ga Stani).*
STANA *(uzima)*: Što ti ruke drhte? Šta je opet tamo noćas bilo?
SAROŠ: Kada znaš, što me pitaš?

STANA *(savivši cigaru i spremajući se da pođe)*: Pa, snaške, ako nemam šta još, da idem u komšiluk malo. Zvala me ona Suta, bolesna je. A i deca su otišla da se igraju. Sluge i sluškinje svi su na poslu, po bašti.

TAŠANA: Idi, idi. Ali idi prvo i dovedi decu, bojim se da se ne udave.

Stana odlazi.

TAŠANA *(pokazuje Sarošu na poslužavnik)*: Uzmi i služi se.

SAROŠ: Bolje kuršum u čelo nego posluženje i kafu.

TAŠANA *(hrabreći ga)*: De, de, uzmi. Evo i ja ću da uzmem. Kakav kuršum, kakav svet! Nego eto, već nisi mlad. Kada se razboliš, legneš, kuda ćeš i šta ćeš?

SAROŠ: Oh, bre, Tašana, koliko si dobra! Oh, šta ću, kuda? Pa dobro: kuda? „Digni se!" „Stani!" Na šta? Da se dignem, da stanem? Treba da ima na nešto da se oslonim. Da imam bar zanat. Bez oca, bez matere a mali, slab, nesposoban za zanat, mogao sam samo kod berbera da poslužujem goste i tu ostanem. I to je bila moja nesreća. Posle, naučih u tamburu da sviram i pevam.

TAŠANA: Pa gde i od koga nauči tolike pesme?

SAROŠ: Pa tu, u bernici. I naši i vaši trezni dolaze da se briju samo pred velike praznike, a u ostale dane većinom pijani su; ili se tu opiju, čekajući na red i poručujući piće iz kafane. Ja sam im donosio i služio ih. Docnije, kad sam poodrastao, naučio uz šarkiju pesme od njih, donoseći im piće, ja sam od svakog po malo ispijao da bi mi bolji glas bio kad počnem da pevam i sviram gostima, da kod gazde mesto što bolje utvrdim i što više mušterija privučem.

TAŠANA *(sa saučešćem)*: Teško tebi! A dom, kuća?

SAROŠ *(grcajući)*: Nikada. Nikada postelja. U berbernici, na klupi, da se je uvek širio od mene miris od pomade, mazanja, sapunice. I ne naučivši zanat, zbog mog pevanja, počeše svi naši begovi da me vode na veselja, bekrijanja, kao i vaši bogataši. Nisam imao za šta da se brinem. U svakoj kafani imao sam besplatno jelo i piće i postelju, jer sam bio dobar mamac za goste, koje ću svojom pesmom da skupim da što više potroše.

TAŠANA *(uzrujana, potresena)*: Crni Saroše, crni! *(Ustaje i hoda)*: Ali ipak, tvoje je bolje. Sam si bez igde ikoga, ali bar si bio svoj. Što si želeo to si učinio. Kud si hteo tamo si išao, pevao, pio. Ali ima i teže, strašnije samoće.

SAROŠ *(uplašeno)*: Kako: teže, strašnije samoće?

TAŠANA *(sve uzrujanija)*: Ostavi. Da, ima samoće koje su najstrašnije. Biti sam, a ne biti svoj. Eto ja? Kada sam ja bila svoja?

SAROŠ: „Svoja"? Uvek! Tašana, čuvena, velika. U svojoj kući i to u kakvoj kući! Opkoljena familijom, rodom, ocem, majkom i decom. Kud god prođeš, kud god odeš, svaki ti se divi, poštuje. I ima za što da ti se dive.

TAŠANA *(uzrujano, besno)*: Oh to, ne to. Velika, čuvena Tašana. Ali to nisam ja. Nisam nikada bila ja, svoja Tašana. Uvek nečija.

SAROŠ *(u čudu)*: Kako „nečija"?

TAŠANA *(gnevno)*: Tako: nečija, tuđa. Tako. Kao devojka: Tašana, lepa kći gazda-Mladena. Kao udata, čak ni žena svoga muža, nego Tašana, snaja Hadži-Stevana. Kada sam bila grljena i ljubljena, opet ne kao Tašana nego kao venčana žena. Ni majka nije smela da me voli, koliko me voli, bojeći se da se ne osramoti; ni otac, bojeći se da se ne ponizi. I kada sam ja, ja, Tašana, mogla da volim, da imam što želim? Nikada!

SAROŠ: Tašana, to je nešto mnogo kod tebe.

TAŠANA: Sutra, kad mi deca odrastu, neće smeti da me vole koliko me vole, neće smeti da mi bezbrižno leže u krilu, zavlače ruke u nedra, kosu, bojeći se da to nije u redu i da to ne dolikuje. I eto, zato sam tebe toliko čuvala, rado pomagala. Olakšavajući tvoju samoću, osetila sam da time ublažavam i svoju. *(Seda, izvaljuje se):* Oh, nije mi trebalo sada ovo da kazujem. Toliko mi je sada teško! Oh! *(Oko vrata se razuzuruje i zadiže šamiju iznad lica da se rashladi.)*

SAROŠ *(potreseno)*: Zašto, Tašana, zašto nije trebalo da mi ovo kažeš, da mi se izjadaš? A ne znaš koliko si se time podigla. Oh, Tašana, pa ti si bila isto tako, kao i ja, siromašče.

TAŠANA *(sa zahvalnošću)*: Da, siromašče, i to kakvo. Do smrti, bez nade. Pa i ta smrt što već ne dođe! Oh!

SAROŠ *(prilazeći, seda do nje)*: Ne smrt, Tašana! Kakva smrt? Hodi! Priberi se. Odmori. *(Hvata je za ruku.)*

TAŠANA *(malaksala, gotovo klonula, trza ruku ali je ostavlja)*: Bolna sam. Umorna.

SAROŠ: Odmori se, odmori! Evo, nasloni se na mene. Ne boj se ništa. Nasloni se na mene. Siromašče neka se osloni na siromašče. *(Prislanja se obgrljujući je k sebi.)*

Ulazi Miron.

MIRON *(zagledajući iza sebe, u dvorište)*: Ama, kako to da me niko ne srete, da nikoga nema? Da nisu nešto deca bolesna, pa svi oko njih gore na okupu?

SAROŠ *(užasnut, skače).*

TAŠANA *(klone).*

MIRON *(sagledavši je ustukne preneražen)*: To?! Ovo?!

SAROŠ *(krijući glavu laktovima pored Mirona prolazi i odlazi).*

TAŠANA *(klečeći)*: Dedo! Dedo!

MIRON: To? Ovo?!

TAŠANA: Saslušaj... Umorna sam, bolna.

MIRON *(pokazujući na njenu sobu)*: Idi tamo!

TAŠANA *(vukući se odlazi).*

MIRON *(sam)*: To? I još sa neverom! *(Hvata se za glavu)*: Pih! *(U grčevitom smehu)*: Aha-ha! Pa, Mirone, božji ugodniče, vladičin namesniče, prvi duhovniče, tako li ti tvoju pastvu čuvaš, na dobar put izvodiš, u veri pravednih otaca učvršćuješ? A za tu veru tolike glave padoše, toliki ljudi na kočevima duše ispustiše, pa i sada tolike komite i hajduci svoje živote žrtvuju! A ti, Mirone, umesto da ih učvršćuješ u veri i čistoti, ti ih guraš u naručje neveri! Oslobođavaš mlade udovice od crnine i stroga života, da bi se bacile neveri u zagrljaj, a krv i veru poganile! Oh, Mirone, ne božji ugodniče već razvratniče, bludniče! I to gori nego obična podvodačica, Naza Ciganka, koja bar hleba radi podvodi, a ti najgori... sebe radi!... Kao veliš: kada je ja ne mogu imati, jer to ne dopušta čin, ime, onda oslobodiću je crnine, pustiću je u život da se s drugim provodi, da je drugi grli i ljubi. Ih, ih, koliko si pokvaren, Mirone, i to duša ti pokvarena! I sad kuda? U crkvu ne, pred raspeće ne, sa amvona pridike ne! Zar sveštenike, moje mlađe, da upućujem kako treba svoje parohijane, pastvu, čuvati u veri i čistim životom živeti, povučeno, u svojim kućama, dane provoditi... — a moji sveštenici, mada mi u oči neće ništa reći, ali će se među sobom pogurkivati i šaputati: „Da, da, kao što ti izvede Tašanu iz crnine i pusti je Turčinu, neveri, u ruke." *(Očajno):* Oh, izgubih sve: ime, ugled... I sada kuda? U manastir? Ne! Tamo su svi od mene mlađi, i oni me ne mogu primiti za mlađeg od sebe, za slugu svoga. Kuda? Ah, znam: na groblje ću! Tamo mrtve da opevam i sebe, kao već mrtvoga, sahranim. *(Zadubljen u misli sedi na minderluku.)*

Ulazi Mladen sa bratstvenicima.

MLADEN: Dedo, tražismo te tamo u crkvi, pa kada te tamo ne nađosmo, dođosmo ovamo, jer znamo da, po običaju, svraćaš ovamo da decu vidiš. Znaš, mi ovde, u varoši, pomešali se sa neverijom, pa toliko strogo ne vodimo računa o veri i običajima; ali ovi moji, tamo u brdu, bolje vode računa. Sišli i došli, pa mi kažu da ovih dana treba trogodišnji pomen zetu — pokojniku dati. Pa eto dođoh s njima da te pitam: kad i u koji dan pada?

MIRON: Kakav: „parastos", „pomen"? Kome za dušu?

MLADEN *(začuđeno)*: Dedo, što pitaš tako? Pa znaš: parastos mom zetu, Hadži-Stevanovom sinu, koji je umro pre tri godine.

MIRON: Njemu li? Kći tvoja ne sme dati parastos.

MLADEN *(začuđenije)*: Kako to, dedo?

MIRON *(značajno)*: Srete li Saroša?

MLADEN: Jest, na kraju ulice.

MIRON: Iz kafane li je izišao?

MLADEN: Kafana je još bila daleko.

MIRON: A iz čije kuće on može u ovoj mahali da iziđe, ako ne iz ove?

MLADEN *(posrće)*.

MIRON: Eto ti! Jutros, ovde, dat je parastos, pomen pokojniku. Ovde, eno tamo, zatekao sam njega i nju, tvoju i našu Tašanu, u zagrljaju. *(Polazi)*: Oh, i sada eto pomen i lep spomen podiže mu ona sa Sarošem. *(Odlazi.)*

MLADEN *(bratstvenicima)*: Pa?... Čuste li? Pa?...

PRVI BRATSTVENIK: Glava mora za obraz!

SVI: Glava za obraz!

MLADEN: Imate puške, konje...

DRUGI BRATSTVENIK: Ti znaš da mi krijemo, ali bez oružja nigda ne idemo.

MLADEN: E, sada puške, i na konje, pa ma u kojoj kafani, ma nasred čaršije, ma gde da ga nađete — njegovu glavu! Nek se pamti na čiji dom, kuću nasrnu!

SVI BRATSTVENICI *(odlaze žurno)*: Njegovu glavu!

MLADEN *(sam)*: A ja, oh, ja idem otrova da nađem... i da joj ga ja, rođeni otac, dam u ruke. *(Naginje se ka dvorištu i viče):* Dimitrije!
DIMITRIJE *(iz dvorišta)*: Sad, gazda!

Ulazi momak Dimitrije i uplašeno staje pred Mladena.

MLADEN *(mračno)*: Zatvorite kapidžike, kapiju, i nikoga ne puštajte iz kuće, niti u kuću, dok ja ne dođem. Glavom mi jamčiš!

Uto se čuju prvi, retki pucnji pušaka, halakanje ispod prozora. Bat nogu, bežanje i uzvici: „Za Sarošem jure da ga ubiju! Uhvatili ga kod Tašane i sad hoće njegovu glavu!" Čaršija se zatvara. Svet beži kući.

MLADEN *(prolazi uz grčeviti smeh)*: Tako, braćo! Tako! Osvetite me. Glavu za obraz! Ja sam već mrtav ali bar da mi se kosti u grobu ne prevrću. *(Ode.)*
DIMITRIJE *(ode za njim).*
(Pauza.)

Uleti Stana i nariče.

STANA: Kuku, snaške, kuku, snaške!... Krv će da legne. Već cela varoš uzbunila se. Turci poleteli da ga brane od ovih naših.

Istrči Tašana.

TAŠANA *(odlučno)*: Ćuti! Idi odmah nađi Saroša, i kaži mu: kola, konje da dovede i odmah odavde da se beži.
STANA *(pođe i vraća se)*: Da idem, idem... ali možda će i moja glava otići ako čuju da sam ga ja ovamo uvela, pustila.
TAŠANA Ne boj se! Pre će moja nego tvoja!

STANA *(odlazi)*.
TAŠANA *(sama sebi)*: Svršeno je. Mora se. Kuda? Ne znam. Neću o tom da mislim. O tome neka on misli. *(Osluškuje):* Da li već dolazi?... Čekaj, s decom da se oprostim. Ali ne. Ne smem da ih zagrlim, izljubim. Moje su ruke nečiste: one više ne pripadaju samo njihovom ocu. Ali mogu decu bar kroz rupe na vratima da poslednji put vidim. *(Prilazi otvorima i kroz otvor gleda):* Slatka moja deco! Pogle kako se igraju. Ništa ne slute. Čekaju da im nana dođe. A nana im nikada, nikada neće doći! Ah! Kada budu porasla, deca moja, o nani će samo zla slušati... Gle onog starijeg švrću, kako mi pametno oko ima i lepu okruglu tatinu glavu... *(Okreće se):* Još ga nema da me vodi, da bežimo daleko u svet... Hajde da se obučem i bošče spremim za put. *(Oblači se i vezuje bošče.)*

Utrči Kata i još sa ulaza kuka i nariče.

KATA: Kuku, kuku! Tašana, crna ćerko, šta učini?!
TAŠANA: Što učinih, učinih!
KATA *(gleda povezane bošče i obučenu Tašanu)*: Pa kuda sad?
TAŠANA: U nevrat!

Ulazi prva sluškinja.

PRVA SLUŠKINJA *(uplašeno)*: Gazdarice, eno crni se kapija i dvorište.

Ulazi druga sluškinja.

DRUGA SLUŠKINJA: Sve hadžije i polovina čaršije naših dolaze.
KATA *(žurno)*: Tašana, sklanjaj se u dečju sobu.
TAŠANA *(pobegne)*.

Na stepenicama čuje se bat i krkljanje mnogih ljudi. Ispred svih ulazi Hadži Rista.

HADŽI RISTA *(hodajući po sobi)*: Kućo, ko te opogani? Ko ti crn obraz udari? Ko u ovu sobu, gde se skupljale vladike, držala molepstvija, osuđivalo koji će paša, koji će krvnik između naše nevere da bude ubijen, smaknut, pa ko sad sve to, baš sa neverom, opogani? *(Seda, oko njega hadžije i ostali. Tapše rukama.)*

Ulazi Stana.

HADŽI RISTA *(podboči se pred njom)*: A ti, kučko selska, ti beše provodadžisala da se opogani ova naša sveta kuća?
STANA *(prkosno)*: Ako sam seljačka, nisam pogana, niti sam štogod opoganila! *(Donosi posluženje svima.)*
HADŽI RISTA *(prezrivo)*: Bit! Gde ti je snaška!
STANA: Snaška? Bolna.
HADŽI RISTA: „Bolna"? Dovedi je ovamo.
SVI: A-a-a!
HADŽI RISTA: Sad ćemo da je ozdravimo.

Ulazi Mladen.

MLADEN: Dođoste li?
SVI: Dođosmo.
HADŽI RISTA: Kako da ne dođemo, kad nama više ni u čaršiji, pa čak ni u crkvi mesta nema. Kad vi, a najviše tvoja kći, toliko nam obraz zacrniste, da ne smemo u čaršiji trgovine da otvorimo.
SVI: Jest, Hadži-Risto!

JEDAN OD TRGOVACA: Jutros otvaram dućan, a ono kuče tursko, Mehmed beg, što mu se meso natrag kroz čakšire vidi i što mu hleb na veresiju dajem, prođe pokraj mene pa lanu: „Hej! Čuste li vi za vašu Tašanu i našega Saroša?"... A kako je gore „u medžlis" — usred varoši? — Ne smemo ni da privirimo tamo.

MLADEN *(seda na minderluk i tare znojavo čelo)*: Osvetiću ja sve to krvlju.

HADŽI RISTA: Ej, Mladene, sinko, je li ti ja govorah da tvoje dete nije bilo za ovakvu kuću, za ovakvu staru hadžijsku kuću. Vi ste skorotečnici, jer ste skoro iz sela došli i slučajno postali gazde. Istina, jeste pošteni i vredni, ali niste hadžijski, od starina, kao mi. Da, iskreno ti govorah: Tašana nije bila za ovakvu kuću.

SVI: Nije bila.

MLADEN: Pa kad nije bila, neće ni biti! *(Polazi ka dečjoj sobi i viče):* Ovamo ti!

Izlazi Tašana ubijena. Prilazi ruci Mladenu; ovaj zabacuje ostrag. Tašana se okreće hadžijama da i njima poljubi ruke; tako isto i oni zabacuju ruke za leđa.

MLADEN *(sa najvećim naporom se savlađuje; vadi iz silava uvijen otrov i pruža ga Tašani)*: Eto, tatko ti doneo dar, da te daruje; da tamo u sobu ideš, popiješ i — svršiš.

KATA *(koja je dotle nički ležala, skoči; Mladenu)*: Ne, čoveče, jedinče nam je!

MLADEN *(odgurnu je, hoće nogom u glavu da je lupi)*: Petom ću ti glavu razbiti! Zbog tebe sam i dočekao da mi sad obraz gori. Dok sam bio u brdima, među svojima, ti svaki dan: „Hajde da siđemo u varoš. Vidiš, Tašanu, jedinče, u kakvu će se lepotu razviti, pa zašto ovde, u selu, da vene i suši se?" A sad? S neverom...

KATA *(okreće se hadžijama, u očajanju)*: Zaboga, ljudi božji! Kakvi su to obrazi? Kakve „nevere"? Pa u crkvi svaki dan slušamo kako se govori: „Ljubite svoje bližnje, kao samoga sebe." Pa otkuda on nije, i ako druge vere, a ono baš bližnji; komšija nam je bio, tu se rodio, odrastao.

HADŽI RISTA i OSTALI *(kao perući sa sebe)*: Ne znamo mi to, ne znamo.

MLADEN *(rešeno Tašani)*: Spremaj se da odmah umreš.

KATA *(vrisne)*.

HADŽI RISTA: Ne, Mladene, ne toliko.

SVI: Ne toliko.

MLADEN: Kako: „ne toliko"? Dok vaše kćeri sa begovima i pašama ašikuju i kopilad u reku bacaju, svi kažete: „To ništa nije! Raja smo! Mora da se trpi!..." A kad moja kći sa Turčinom zgreši, svi graknete: „Nije hadžijska, nije iz starinske kuće!" Sada ćete vi videti kako baštovan svoj obraz brani... Ovamo, Tašano, otrov ovaj pij!

TAŠANA *(odupire se da uzme otrov)*.

Iz daljine se čuju puške i halabuka.
Ulazi jedan bratstvenik.

BRATSTVENIK: Mladene, pobeže nam Saroš. Begovi ga opkolili i na konjima odjurili s njim. Ne mogosmo da ih stignemo. Ovi naši brdski konji sitni, a njihovi hatovi, pa ni puškom da ih dognamo. Odvedoše Saroša u Kumanovo.

HADŽI RISTA: Bre, bre! Sada će naša sramota po Kumanovu, Skoplju, Velesu. Nećemo smeti ni po trgovinu, ni po svojim rodovima i familijama ići.

TAŠANA *(razrogačeno, preneraženo)*: Pobegao, ostavio me! *(Pruža ruku ocu)*: Daj otrov!

MLADEN *(izvan sebe od sramote i besnila)*: A, dakle, ti si ga i volela... nije on tebe na silu, iznenada? Sada ne dam otrov! Sada ću ja, tvoj otac, da te ubijem, posred grudi, koje je on opoganio.

Ulazi Miron.

MIRON *(Tašani)*: Idi tamo.
TAŠANA *(odlazi u svoju sobu)*.
MIRON *(jednom trgovcu)*: Idi u crkvu i kaži klisaru da mi dovede Paraputu.
TRGOVAC *(odlazi)*.
MIRON: Znao sam ja to i zato potrčao. Znao sam ja to, čim sam čuo pucnjavu između njih i naših, da ako tamo neće krv pasti, moraće ovde. Pa zar krv, krv i samo krv?
HADŽI RISTA i OSTALI: Pa, dedo, ne znamo... nismo...
MIRON: Dobro sam došao da vidim, jer bi vi posle, kao uvek, pošto kog silom otrujete ili ubijete, izgovarali se kako niko nije znao, ni slutio, već se on sam noću otrovao, ubio.
HADŽI RISTA: Pa nešto mora da se sačuva... vera i Bog.
MIRON: Zar je Bog i vera za krv? Zar Bog hoće krv na zemlji, a ne živote? Čujte me: prokleću vas.
SVI: Ne prokletstvo!
MIRON: Prokleću vas, što veru i obraz u krv pretvarate. Prokleću vas, da vam ni čukun-unuci glavu ne dignu, u crkvu ne uđu, u stolove ne sednu. Prokleću vas kao što sam i sebe prokleo i upropastio kad sam ovamo došao, da ovo sve dočekam i vidim. Jeste li mislili na decu, kad ste hteli da im majku uništite? Pilićima kvočku niko ne može da zameni a kamoli detetu mater. Zato ona mora da živi. Ali da bi svoj greh ispaštala, bila kažnjena celog života, ovde, u ovoj kući, ima Paraputu, onako unakaženog, blatnjavog, što se valja po ulicama i spava po kamenjarima i pod plotovima, da neguje i dvori... Prvo

njemu hleb da dâ, pa onda ona da uzme. Prvo njemu vode da dâ, pa onda ona da pije. Prvo njega da pokrije, ututka, utopli i uspava, pa onda sebe. I tako celog života.

HADŽI RISTA: Strašno, dedo. Tako grdnoga, crnoga od zemlje, negovati i čistiti! Ja i kad ga sretnem, mada je i to božji čovek, božja duša, a ja se po dva-tri sata gadim.

MIRON: Zato će njen greh bivati manji. Što veće ispaštanje, mučenje, grehovi su manji. *(Hadži-Risti)*: Ti ćeš odavde da odeš pravo do popa Manasija, kao najstarijeg i najpismenijeg, da uzme crkvene knjige i donese mi na groblje, da mu predam račune, jer odavde pravo na groblje idem, grobljanski da sam sveštenik i čuvar, jer u crkvu više ne smem.

HADŽI RISTA i OSTALI: Ne dedo, ne!

MIRON: Svršeno je. Mrtav sam i idem među mrtve. Vi, tutori, čujte: Ja u ime duhovne vlasti koja mi je Bogom dana, popa Manasiju postavljam za starešinu vaše saborne crkve. Primate li?

HADŽI RISTA: Što Bog preko našeg duhovnika naredi, ne da primamo, nego smo i blagodarni.

HADŽIJE: Blagodarni smo, dedo!

Ulaze Arsenije klisar i Paraputa.

ARSENIJE *(vodi Paraputu)*: Dedo, evo dovedoh Paraputu.

PARAPUTA *(kad vidi sve u sobi, počne da uzmiče)*: Žiž, žiž, izgorećete Paraputu!

SVI: Nećemo, nećemo, Paraputa.

PARAPUTA: A jedete li zemlju? Svi ste zemlja.

MIRON *(prilazeći Paraputi)*: Ne boj se, ja sam tu. *(Klisaru)*: Što mu ovo ne povadi?

ARSENIJE: Ne smem, dedo. Ubiće me ovim kamenjem. Ti znaš, da mu samo ti možeš uzeti.

MIRON *(čisti Paraputu od zemlje)*: I gde ovoliko zemlje i blata nađe? Sav se zemljosao. *(Vadi iz njegovih nedara kamenje i zemlju.)*

PARAPUTA: Je li za svetu Bogorodicu to uzimaš od mene i čuvaš?

MIRON *(čisteći ga)*: Da, da, za svetu Bogorodicu.

PARAPUTA: E, dobro, za nju ja zbiram i prosim.

MIRON *(nađe u Paraputinim nedrima komade hleba koje mu furundžije dadoše i pruža mu)*: Zašto ovo ne pojedeš?

PARAPUTA: I to je za svetu Bogorodicu. Sve je za nju, a ja zemlju jedem.

MIRON *(krsteći ga po licu, te mu ruku Paraputa ljubi; uzima ga za ruku i dovodi kraju sobe)*: Hodi. *(Hoće da ga posadi na minderluk)*: Ne boj se. Sedi. Ja idem na groblje i od sada tamo ću jednako biti, i zato ti u crkvu više nećeš moći; neće imati ko da te čuva, već ćeš ovde. Slušaš li, razumeš li me?

PARAPUTA *(trepćući, gleda pobožno u Mirona)*: Hm, hm. Slušam. Ti i Bog, dedo.

MIRON *(posadi Paraputu da sedne)*: Sedi tu. *(Dovodi Tašanu)*: I sada ova, ne žena, nego majka, ona će ti druga majka biti. Ona će te hraniti, čuvati, negovati. *(Tašani)*: A ti, evo ti ovaj Bogom nakazani, ali zato božji čovek. U amanet ti ga božji ostavljam. Ali da se nisi usudila da ga bilo glađu, bilo žeđu mučiš i moriš, da što pre umre, da ga se što pre otreseš.

TAŠANA: Oh, zar ja, dedo?

MIRON: A ja polazim zauvek na groblje. Mrtvace da opevam, s mrtvacima da živim.

TAŠANA: Mirone, Mirone, brate! Kud sebe, što tebe toliko upropastih!

MIRON: Krst nije lako nositi, da bi čovek mogao biti čovek. *(Ostalima)*: Sad hajde. Ja na groblje, a vi vašim kućama. Ovde se nema šta više.

SVI *(krsteći se pobožno, odlaze)*.
TAŠANA: Ne boj se ti mene, Paraputo. Čuvaću te ja.
PARAPUTA: Ne bojim se. Jer i ti si zemlja kao i ja.
TAŠANA: Oh, jeste. Zemlja i to kakva strašna, crna zemlja.
PARAPUTA: Zemlja! Zemlja!

PETI ČIN

Posle trideset godina...

S leve strane nekadašnja, na svod, jaka, velika kapija Hadži-Stevanove kuće, sada već gotovo sva istrulela. Na njenim glomaznim, otvorenim krilima neke daske već dopola izlomljene, da se može, i kada je zatvorena, osobito pas i sitna stoka slobodno provlačiti. Iz njenog krova štrče grede, razmaknute i otkinute šindre, sa tek pokojom od mahovine već zelenom ćeramidom. Ćeramide stoje tako nahereno i slobodno viseći, da čisto prete da padnu za vrat. Niže kapije, od nekadašnjih ambarova i štala stoje izvaljeni duvarovi, plotovi, sa ispucalim i izvučenim, razbacanim prućem. Pod njima vide se iz zemlje veliki kamenovi sa starim poprečnim gredama na kojima su ambarovi ležali.

S desne strane, od nekadašnje toliko velike dvospratne kuće sa čitavim redom soba, vidi se samo kraj od nekoliko Tašaninih soba, čiji su prozori gotovo zapušeni gustim rešetkama. U te sobe penje se stepenicama. Niže stepenica vidi se Paraputina kućica. Prosta, četvrtasta ozidana soba sa jakim vratima.

Sredina bila je nekadašnja bašta sa starim klupama, redovima šimširova, crnim, račvastim šamdudovima i drugim drvećem. U dnu bašte nazire se nekadašnji šedrvan, presušio, zarđao. Iza njega, po ostatku staroga zida vije se ladolež iz koga vire trošni, zemljom i travom pokriveni kamenovi. Od svega samo što na staroj česmi teče voda i do nje vidi se kako se skoro zasađena i negovana mladica jabuka, sa svojim pravim prućem i sočnim lišćem, sveže leluja. Cela pozornica, iza kapije, bašte i kuće, sva je presečena novim zidom. Više kapije, u početku zida, stoje mala vratanca, kapidžik, a ostali zid je prav, pola od cigle a pola od letava, obojenih, posle oslobođenja, narodnom bojom: crveno, plavo, belo. Kroz taj zid od letava vide se nove, po planu podignute kuće Tašaninih sinova. Jedna tek dovršena, još sa obešenim darovima koji se lelujaju. Između kuća vidi se nova, zasađena bašta sa pravilnim redovima mladog drveća. Iza njih naziru se takođe nove štale i ambarovi, od dasaka i pokriveni novim crepovima.

Jutro. Dvorište čisti sluga Jovan. Rije lopatom blato. Ispred česme izbacuje šljunak i raščišćava prolaz bari. Iz kuće silazi sluškinja noseći velike teške ćilimove, da ih rastrese i ispraši.

JOVAN *(sluškinji)*: Je li ustala hadžika?

SLUŠKINJA *(i ne gledajući ga)*: Pa ti znaš kada ona ustaje. Znaš da je odavno već ustala i sada sprema Paraputi jelo. *(Pogleda u Paraputinu kućicu. Vidi da je prazna. Uplašeno)*: Pa njega nema, more!

JOVAN *(kao siteći se)*: Nema, dabome! Natrpa oko sebe sve krpe i kamenje što nađe, i uhvati maglu.

SLUŠKINJA *(pokazujući gore na Tašaninu sobu)*: Crni Jovane, znaš li šta će biti kada vidi da ga nema?

JOVAN *(na sav glas, kao nešto što mu se odavna nakupilo)*: Pa ne mogu ni ja, brate. Otkuda mogu svaki dan da ga pazim? A i pravo da ti kažem: već mi je gadan. I ne može se više. Ovo nije jedna i dve godine, nego ko zna koliko će biti. Hajde što ja, kao sluga, porad hleba, moram ovde služiti, i na njega, Paraputu, paziti, ali kako ona može? Kako se njoj ne dosadi da samo nega dvori, čuva?!...

SLUŠKINJA *(s dosadom)*: Ostavi to, ostavi. Ti svaki dan, svako jutro, samo to pa to: „Kako može da ga gleda, kako joj se ne dosadi?"

Šta ti znaš? Možda se za sevap, za spas duše svoje, zavetovala, da ne bi on umro negde na drumu, u polju ili od gladi?

JOVAN *(uvređen, prekida je)*: E pa ako je i za sevap, za dušu, onda je dosta godina, dve, pa i tri, a ne ceo vek. Otkada je već sa njim, i sa njim će i u grob. Pa ako hoće da on ne umre na ulici, od gladi, onda eno joj selo i čivluci, i što ga tamo ne dâ, da ga čivčije čuvaju i hrane? A ne ovako: sama ona da ga hrani, pere, čisti; sama noću da dolazi i gleda da se nije otkrio, da ne bi nazebao, kao da ga je, bože mi oprosti, sama ona i rodila. *(U vatri):* Pa, bre, brate, ovakvo nakazno čovek i da rodi, pa ipak ne može da ga toliko čuva i toliko nadgleda, kao ona.

SLUŠKINJA *(i ne slušajući ga)*: Ta ostavi!... Nego, ceo dan tu sediš i istežeš se, pa zato možeš o tome i da misliš.

JOVAN *(prekida je pokazujući na Paraputinu kućicu)*: Ta ceo dan bih voleo orati i kopati, nego što moram na njega paziti. Ne znaš ti, da se od straha izludi! Kud moram da ga čuvam, tud moram i sve kamenje, što sa sobom donese, da izvlačim i sklanjam. I to s mukom, teško, jer on neće da legne na postelju i dušeke nego na zemlju i na to svoje kamenje, kojim hoće tobož da se brani kad počnu da ga „pale". I to njegovo ludilo da ga jednako potpaljuju i da će on živ izgoreti, to ga jednako drži. I zato moram gotovo celu noć ispod njega to kamenje polako da izvlačim i sklanjam, da ne bi — kad, po običaju, đipi i počne (tobož se upalio!) od sebe sve odelo bacati — da ne bi bar to kamenje oko sebe imao, te njim ili sebe osakatio ili ovamo mene udario. A opet, kad vidi da mu nema njegovog kamenja, tek onda sasvim pobesni, izludi. Tada go istrči i pokazuje na kaldrmu i, evo, vidiš, iz ove stare, tako zbijene kaldrme počne rukama kamenje vaditi i, tobož braneći se, bacati na sve strane, udarati kud stigne, da sve pršti i odskače, i dere se kroz noć: „Žiž! žiž! hoće Paraputa da izgori!" A niko ne sme da mu priđe. Niko da ga umiri, dok se ona, hadžika, gore ne probudi i ne siđe, i samo ona sme da mu priđe i da ga umiri. A i ona jedva ga umiri, jedva ga ponovo dovede, položi u postelju, pokrije, i ututka. I dok god on ne zaspi, ona sedi kraj njega... I tako svaku noć, po nekoliko puta. Pa bar, kad nije besan, da je kao svaki drugi, kao čovek. Nego, i onda, leže i izvaljuje se gde stigne. Iz ruku moram zemlju da mu otimam, jer hoće da je jede; od svake bare da ga sklanjam, jer neće ovu čistu vodu, sa česme ili iz testijice što mu hadžika donese pa još i lišćem zapuši da bi bila što svežija, već hoće baš da pije (pokazuje nogom baru) ovaj brljak i šušnjak. A hadžika, kad vidi, samo mene grdi. A ne zna kako je meni kad pođem da ga od bare istrgnem a on iskolači one mrtve oči na mene i počne da reži, da mi čisto srce stane od straha... A zdrav je, zdrav kao vuk. Nikakva bolest na njega neće. Sve će nas pokopati i posahranjivati. I zato me strah.

 SLUŠKINJA *(sažaljivo, podsmevajući mu se)*: I kao da sam ja ovde od juče i sve to ne znam, pa zato moraš ti svaki dan, svako jutro, da o tome pričaš!

 JOVAN *(uvređeno)*: Ne mogu više, a krivo mi. A najviše mi je krivo na nju, na hadžiku, kad vidim kako se muči toliko oko njega. I čisto voli što se muči oko njega. Čisto je sva srećnija, blaženija, što god joj on veće muke zadaje. A posle, i ono njeno, svako jutro kad iziđe, uvek jedno i isto pitanje: da li sam bio kod njenih sinova *(pokazuje glavom)*: jesu li zdravi, i kada će joj doći? A zna i ona da ja nisam bio, kao što zna da joj oni nikad ne dolaze, niti će joj doći. I onda ja moram uvek jedno isto da joj govorim, uvek jedno isto da joj lažem... *(Trza se, ponizno, predano, tiho produžava posao, jer odozgo, na stepenicama, pojavljuje se Tašana s poslužavnikom jela i pića, spremljenih za Paraputu.)*

 TAŠANA *(stara, pogrbljena, ali još sa tragovima nekadašnje lepote. Zabrađena je duboko. Jedva joj se oči i čelo vide. U crnoj dugačkoj koliji. Oko vrata povezana belom, čistom maramicom. Jednom rukom nosi poslužavnik a drugom zagrće rukave na prvoj ruci, da joj se ne*

prljaju od poslužavnika. Polako, pazeći na poslužavnik, silazi drhteći od starosti i ide Paraputinoj kućici. U prolazu sproću sluge, zastaje): Jesi bio tamo? *(Pokazuje na nove kuće gde su joj sinovi.)*
　　JOVAN *(brzo, naviknut na taj svakidašnji odgovor)*: Jesam. Zdravi su. Mladoga gazdu sretoh na kapiji. Pozdravio te. I pita: „Šta radi majka?" Ne može, veli, da dođe. Sa trgovcima ima neki posao, šta li. A u kući, svi su zdravi. I, kaže, da malo Milanče već odavno prohodalo i već govori. I već tebe traži. Viče: „baba", „baba".
　　TAŠANA *(zamišljeno)*: Što ga nisi doneo?
　　JOVAN: Htedoh, ali snaška ne dade. „Nemoj", veli, „još je hladno, bojim se nazepšće, pošto je nešto slab."
　　TAŠANA *(uznemirena, uplašeno)*: Zašto, kako: „slab"? Što ga ne leče? *(Prekida)*: A jesi li bio na groblju? Kako grobovi? Gore li kandila? Ima li zejtina? Da se nije koje ugasilo?
　　JOVAN: Sve je, sve je kako treba. Gore kandila. Juče sam baš zejtina odneo. I danju i noću gore kandila. I grobovi su dobri. Samo deda-Hadži-Stevanov grob malo napukao, ulegao, ali mramor još ne popušta, te se još ne poznaje da se iskvario.
　　TAŠANA *(prolazi pored Jovana ka Paraputinoj kućici. Ali, kad vide da je prazna, ona se bolno trza, upitno se okreće sluzi i sluškinji)*.
　　JOVAN *(krijući se i pravdajući se)*: Ode, hadžike!
　　TAŠANA *(uplašena, ide kapiji)*: Pa što ga, zaboga, ne čuvate? Što ne idete za njim?
　　JOVAN *(rešeno)*: Ne smem, hadžike. Diže se, potrpa sve što nađe, sve krpe, sve kamenje, i zatura po pojasu i košulji, i ode. Htedoh za njim ali, bojim se, okrenuće se i nekim će me kamenom možda u glavu.
　　TAŠANA *(vraća se, u očajanju, krši ruke)*: Oh, pa bar sada idi, sad ga nađi, dovedi. *(Sebi)*: Oh, sada će opet po čaršiji, opet će ga uhvatiti deca, opet će se iskaljati, izgruvati, a možda i glavu razbiti.

(Sluzi): Idi! Šta stojiš? Idi, nađi ga, dovedi, da se ne izgubi ili se gde ne uvali u blato.

SLUGA *(odlazi).*

TAŠANA *(uzima metlu, đubrovnik i polako, pogureno ulazi u Paraputino sopče. Čisti ga. Odnosi đubre i baca. Zatim se vraća i penje u kuću).*

Na kapidžik ulazi Mara, devojčica, unuka Tašanina, sa još nekoliko komšijskih devojčica.

MARA *(vukući ostale za sobom)*: Ama hajdete! Ne bojte se!

JEDNA DEVOJČICA *(odupirući se i uplašeno gledajući u Tašanine sobe)*: Nemoj, nemoj, Maro. Bojimo se da ne iziđe pa da je vidimo.

MARA: Ama, nije ona tako strašna. I nikada ona ne izlazi. Ni ja je nikad ne vidim. Hajte. Ima samo još neko cveće da uzmem i presadim u našu baštu, pa ćemo se posle kod nas, u bašti, igrati. I ljuljaćemo se. Celog dana ljuljaćemo se i pevati, jer ćemo biti same. Otac i majka nisu kod kuće. Otišli su na čivluk. *(Pokazujući glavom na Tašanine sobe, sluškinji):* Baba je gore?

SLUŠKINJA: Gore.

MARA *(otrči u baštu).*

SLUŠKINJA: Ta dosta to cveće. Već ga i nema. Sve pokidaste.

MARA *(vraća se iz bašte sa cvećem, iščupanim zajedno sa korenjem i zemljom).*

SLUŠKINJA *(uplašeno)*: Pa što ga sasvim čupaš? *(Pokazujući na Tašanine sobe):* Pa posle možda mene da grdi.

MARA: Kaži da sam ja.

SLUŠKINJA: Pa idi joj ti kaži.

MARA *(polazeći s drugaricama)*: Kaži ti samo da sam ja to iščupala i ništa se ne boj. A i šta će vama ono ovde? Mi ćemo ga u našu baštu presaditi. *(Sluškinji)*: A da znaš kako je naša bašta lepa! A kako li će još lepša da bude kad i ova druga kuća bude sasvim gotova. Tata kaže da ćemo onda i šedrvan odavde uzeti. Istina, dosta je star, zarđao, ali ćemo ga obojiti novom bojom, pa će tada tako lepo biti kod nas. *(Odlazi na kapidžik.)*

Ulazi Mita, unuk Tašanin, šiparac ali već zamomčen. Obučen u dosta tesan mintan, opasan svilenim pojasom, u čakširama sa nogavicama, išaranim širokim gajtanom. Na prsima sahat sa lancem. Sa fesom na glavi. Vidi se da prilikom šišanja već brije vrat.

SLUŠKINJA: O, o! Pa ti baš pravi momak! Da nećeš na kakav sabor, među ženske, u kakva ora?
MITA *(prkosno)*: I hoću. Nego da ideš gore i baba da mi da para.
SLUŠKINJA: Pa što ne potražiš od oca?
MITA: Neću on da me zna. Nego baba neka mi da para. Ti joj kaži da sam ja dolazio i tražio para, i ona će ti dati.
SLUŠKINJA: Pa kad je luda neka vam daje. Niko neće da od nje ište, da joj samo ne bi dolazio. Pa i kad je bolesna, niko od vas da dođe da je poseti.
MITA *(spazi do česme mladu jabuku sa pravim, mladim granama. Prilazi i najlepšu granu, kojom se produžava stablo, lomi i čisti joj lišće za štap).*
SLUŠKINJA *(uplašeno)*: Pa zašto, bre, to izlomi? Znaš li da hadžika to godinama zaliva i gleda kako joj raste i napreduje?
MITA *(švićkajući se po listovima tom granom)*: Ja! A šta će vam? *(Polazi)*: Nego molim te kaži joj za pare. I neka ti ona da. Pa ću ja posle da navratim i od tebe da uzmem. *(U poverenju, moleći je)*: I znaš šta još? Molim te *(pokazuje na kapiju)*: ne zatvaraj noću kapiju, ako se noću zadocnim, pa naša *(pokazuje na kapidžik)*: bude zatvorena,

da mogu ovde da uđem i kroz kapidžik odem kući, da me i ne opaze naši. *(Odlazi.)*

Ulazi Miron sa Arsenijem, klisarom.

MIRON *(već obnevideo od starosti. U dugoj iznošenoj mantiji od prostog sukna. S masnom kamilavkom. Obrastao u bradu, kosu. Sav zaudara na plesan, burmut, duvan. Iza vrata viri mu zavučen stari čibuk).*
ARSENIJE *(uvodeći ga)*: Tu smo, tu, dedo.
MIRON *(drhteći, poklecujući)*: Osećam, osećam, sinko, da sam tu. I sada idi ti u crkvu do namesnika, pa vidi da li ima što da mi naredi, poruči za groblje, i onda se vrati da me vodiš natrag.
SLUŠKINJA *(prilazi i ljubi ga u ruku)*: Blagoslovi, dedo. *(Vodi ga ka česmi, do klupe):* Izvoli ovde, na klupu. *(Odvodi ga sa Arsenijem i posadi na klupu.)*
MIRON *(blagosiljajući je)*: Blagosloveni da ste! Pa kako ste, kako? Jeste li živi, zdravi? Kako Tašana?
SLUŠKINJA *(uslužno)*: Zdrava je. Sad raspremi Paraputino sopče pa ode gore. Idem da je zovem.
MIRON *(vadi čibuk iza vrata i pruža ga Arseniju. Drugom rukom barata po masnom, širokom džepu na mantiji i vadi duvan celom šakom, drhteći i prosipajući ga proz prste)*: Puni, Arso, puni! *(Barata duboko po džepu i vadi prašinu duvansku):* Oh, opet mi nestao, opet mi neko popušio. Ta, juče napunih džep.
ARSENIJE: Ama, ti, dedo, ti dok jedan čibuk napuniš, sav duvan prospeš. I zato ti toliko puta kažem da uzmemo kesu duvansku, pa za pojasom neka ti stoji.
MIRON: Eh, kesa! Zar može nešto od onih našik tamo božjaka i prosjaka i da se sakrije? Uhvate me kad zadremam pa mi sve pridignu. Eto noćas mi svu rakiju popili. Probudim se, pipam oko

sebe a ono pljoska prazna. I zato neću duvansku kesu, jer sa kesom sav će mi duvan ukrasti, a ovako, kad mi iz džepa kradu, bar mi prašina ostane.

Silazi Tašana, vođena i pridržavana sluškinjom.

ARSENIJE *(na uvo Mironu, kao gluvom)*: Evo hadžike, Tašane. *(S poštovanjem povlači se u stranu.)*
MIRON *(pokušava da se digne i pođe joj u susret).*
TAŠANA *(zaustavlja ga prilazeći mu)*: Neka, dedo, neka, ne muči se.
MIRON *(jadikujući)*: Eto, Tašana, eto već ne mogu ni da se dižem.
TAŠANA *(ljubi ga u ruku i staje preda nj ponizno, nemarno)*: Blagoslovi, dedo!
MIRON *(uzrujan)*: Blagoslovena da si mi! Pa kako si mi? Kako živiš?
TAŠANA *(učmalo)*: Pa...
MIRON: Možeš li?
TAŠANA: Pa i može se, i mora se.
MIRON: Mora, Tašana. Eto ja jednako molim Boga, i služim i pevam za smrt, a ona nikako neće. *(Jadikujući)*: A ne može se više. I da mi još nije kuća pokojnog Hadži-Riste i tvoja, Tašana, pokatkad do vas da dođem, ko zna šta bi bilo? *(Pipa se po džepu, Arseniju)*: Arso, napuni mi i drugu lulu.
ARSENIJE *(pokazujući na njegov džep)*: Pa nema, dedo. Otoič isprosipasmo sve.
TAŠANA *(Arseniju)*: Idi kod Jovana u čaršiju i kaži da ti za našu kuću dâ duvan.
ARSENIJE *(polazi).*

TAŠANA *(doseća se i zaustavlja ga)*: Arso, sinko, da li gde usput ili tamo kod vas, na groblju, ne vide Paraputu? *(Brižno Mironu)*: Opet mi se, dedo, jutros iskrao, opet nekud zalutao. I bojim se da se nije u kakvu jarugu, u kakvo blato zaglibio, upao i ubrljao se.

ARSENIJE: Bogami, hadžike, sad ga nisam video. Ali, sigurno je na groblju. Sigurno se opet u kakav stari, već ispucan grob zavukao i tamo leži, pošto ga tu, kao bajagi, niko ne može upaliti. *(Odlazi.)*

Graja na ulici. Čuju se uzvici dece: „Žiž! Žiž! Paraputa!"
Ulazi Jovan sa Paraputom (glasno mu se umiljavajući).

JOVAN: Ne boj se, Paraputa! Tu smo, tu, u svojoj kući. I niko ne sme da te pali, i nećeš ti, nećeš izgoreti.

Uzvici dece oko kapije sve češći. Vide se kako promiču pored kapije i ubacuju ovamo upaljene žižice vičući: „Žiž! Žiž! Paraputa!"

PARAPUTA *(otrgne se od Jovana i izvan sebe beži po dvorištu)*: Izgore Paraputa, izgore!

TAŠANA *(ide ka Paraputi)*: Nećeš, ne! Ne boj mi se! Nećeš izgoreti!

MIRON *(sa klupe)*: Ne boj se, ne boj, božja dušo!

PARAPUTA *(jednako okrenut kapiji, baca, kida sa sebe odelo, da bi se ugasio)*: Zapalili, zapalili Paraputu! I, izgore Paraputa, izgore! *(Okreće se i poleti Tašani)*: A, ti si me zapalila! Ti hoćeš da izgorim. Ti hoćeš. Tebe ću ja, tebe! *(Sagne se i traži po kaldrmi da bi koji kamen izvadio i njime Tašanu udario.)*

JOVAN *(sav preplašen, ali ipak staje između Paraputa i Tašane)*: Skloni se, hadžike. Udariće te, umrtviće te!

TAŠANA *(odgurne Jovana)*: Idi ti, idi! *(Prilazi Paraputi)*: Nećeš izgoreti, nećeš. Ja ne dam. Ne boj mi se! *(Ponizno saginje pred njim glavu)*: I ako, evo, udri me, bij me, ali samo ne boj se ti! Ja sam, ja, tvoja Tašana. I ja ne dam, ja te čuvam!

PARAPUTA *(smiruje se, kleca, hoće da padne).*

TAŠANA *(pridržava ga da ne padne, Jovanu)*: Daj vode!

JOVAN *(odlazi u trem i donosi testijicu vode i sipa Tašani u šaku).*

TAŠANA *(jednom rukom grleći ga, pridržava Paraputu, drugom ga prska vodom po čelu i licu)*: Napij se malo. *(Uzima od Jovana testijicu i meće na usta Paraputi da pije.)*

PARAPUTA *(žedno pije vode i umirujući se zanosi se i hoće da padne).*

TAŠANA *(pridržava ga i kleknuvši polaže u svoj skut)*: Tako, sad lezi, odmori se, i ne boj mi se ti... ne boj! Ne dam ja tebe! *(Umiva ga po glavi)*: Kako mu biju žile! *(Sluškinji)*: Idi gore i donesi mi kakav ubrus da mu vežem i stegnem čelo. *(Jovanu)*: A ti mi donesi jastuke i jorgan da ga namestim i pokrijem, te da se odmori, spava.

JOVAN i SLUŠKINJA *(donose iz sobe ubrus, jastuk i jorgan i uslužno daju Tašani).*

TAŠANA *(mesto svoje ruke podmeće pod glavu Paraputi jastuk, kvasi ubrus i vezuje mu čelo, jorganom ga pokriva, utopljava, da mu je što mekše i toplije)*: Tako! Ne boj mi se ti. *(Ostaje nad Paraputom klečeći do njegove glave i jednako ga ututkavajući jorganom.)*

JOVAN i SLUŠKINJA *(odlaze u kuću, gore).*

MIRON *(ne mogući više, potresen, ustaje i klecajući polazi Tašani)*: Tašana, da ti nije mnogo teško s njim?

TAŠANA *(bolno)*: A, ne.

MIRON *(potresen, sebe kriveći)*: Mnogo, mnogo ti je teško, a za to ja sam kriv, ja sam...

TAŠANA *(uvređeno, gorko)*: Oh, zašto ti, dedo, kriv? I zašto me o tome pitaš, kad sam znaš: da kad njega ne bi bilo, kad ne bih imala da se oko njega mučim, brinem, da bih onda, ovako sama, morala mnogo da mislim. *(Potresena, ophrvana uspomenama, klečeći nad Paraputom zaogrne se u šal)*: A, ti bar, dedo, znaš da, kada bih mislila, morala bih da poludim.

MIRON *(uzrujano)*: Da, da... Ne misli! Ne misli! I ne treba da misliš, da ne bi zbog toga došla sebi glave, poludela...

Ulazi Arsenije.

ARSENIJE *(užurbano hvata Mirona, da ga vodi)*: Hajde, dedo! Bio sam kod namesnika. Kaže: nema ništa za tebe. I drva ne može da ti da, već ćemo morati sučke i vrbe pokraj reke da skupljamo. *(Ljutito):* Badava smo i dolazili. I zato hajd'! *(Ljutito vuče Mirona ka kapiji.)*

MIRON *(vukući se za Arsenijem)*: Čekaj, bre! Ama ne vuci me! Ne mogu ja tako brzo, tako silno!

ARSENIJE *(odvlačeći ga)*: Hajde, hajde! Gde je čak groblje i kad ćemo tamo stići!

JOVČA

(komad iz vranjskog života)

LICA:

JOVČA, u Prvom i Trećem Činu oko 50 godina, u Četvrtom oko 60, u Petom do 70
TOMA, sin mu od prve žene
ARSA, sin mu od druge žene
DEDA-VLADIKA
MITA, Jovčin brat od strica
MLADEN, sluga, odrastao u kući Jovčinoj uz Vasku
JOVAN, sluga
SLUGA (konjušar)
STOJMEN, čivčija
PRIJATELJI iz Prizrena (PRVI, DRUGI, TREĆI)
ANĐA, Jovčina sestra od strica
MARIJA, žena Jovčina, treća
VASKA, kći Jovčina i Marijina
VELA, snaha Jovčina, za Tomom
SOFIJA, snaha Jovčina, za Arsom
MAGDA, sestra Jovčina, udovica
NACA, sestričina Marijina
STOJNA, čivčika
NAZA, stara Ciganka, vračara
ZULFA, mlada Ciganka, s Vaskinim očima

Cigani, svirači varoški i seoski, deca, sluge, prijatelji. Događa se u Vranju, osamdesetih i devedesetih godina prošlog veka.

PRVI ČIN

U dnu dvospratna kuća, s tremom i od pola s doksatom na stubovima, pod širokom strejom. Levo, od trema na doksat vode drvene stepenice. Gore, na sredini, do uzlaza stepenica dvoja vrata, jedno do drugih, zatvorena, s obeju strana od njih po dva prozora, zatvorena, sa spuštenim zavesama. Desno, na doksatu, ispod prozora, minderluk s jastucima, zastrven ćilimom. Dole, pod desnim vratima, veća, kujinska vrata, otvorena; desno od njih dva manja prozora, otvorena. Pod stepenicama vrata od podruma i prozorče s rešetkama gvozdenim. Pod tremom i dalje pred kućom, kaldrma, sve do velike dvokrilne kapije na svod, levo, do koje se vidi i deo zida. Levo i desno oko kuće lisnate voćke. Uza stubove, i uz doksat, čak do krova, penju se loze, čardaklije.
Letnje jutro.

MARIJA *(na doksatu namešta po minderluku jastuke, ide polako, u čarapama, osluškuje pred obojim vratima, tiho posluje).*

MAGDA *(dolazi sleva iza kuće, pod stepenice, spazi snahu svoju gore)*: Došao?

MARIJA *(prstom na ustima daje joj znak da ne viče)*: Došao!

MAGDA *(skinula nanule, u čarapama penje se na doksat tiho, ljubeći se sa snahom)*: Kada?

MARIJA: Sinoć. Ne znam zašto, tek mi kao da smo znali, te sinoć ne odosmo na sedenje kod Aritonovih. Srećom, kao da smo znali, te nas zateče kod kuće, inače ko zna...

MAGDA: Ako, ako. Zato onaj moj, sin, sigurno čuo u čaršiji, pa sinoć eto ga kući i jutros rano i pravo u dućan. A ne kao drugi put ako u zoru iz mehane dođe... *(Želeći da se dodvori Jovči, računajući da on može čuti, podiže glas):* Ako, ako, došao, ja! Došao sveti Ilija!

MARIJA *(uplašeno):* Ćuti! Nemoj glasno. Nemoj da te čuje! Možda ne spava, možda se probudio, pa da ne čuje larmu... *(Gotovo je gura, te ova tiho silazi, pod stepenicama natiče nanule i gubi se levo.)*

NACA *(dolazi zdesna iza kuće, kroz voće, otrči pod stepenice):* Tetko, je li istina da je bata došao? Otac bio u crkvi i tamo čuo, i poslao me da vidim...

MARIJA *(maše joj rukom da ne larma):* Došao je, došao.

NACA *(otrči iza kuće desno).*

SLUGA *(dolazi sleva i staje pod doksat):* Da otvorim kapiju? Konje i kola da izvodim?

MARIJA: Ne, ne smeš, ne smeš. Dok se on ne digne, on ne obuče, i ode — ne smeš ništa. Nemoj da kapija počne da škripi, konji i kola da lupaju i da se zbog toga on probudi, pa znaš posle...

SLUGA: E pa kako ću? *(Pokazuje na sunce):* Eto već otkada je dan a toliki posao čeka. Ne znam, da opet ja ne budem kriv...

MARIJA: Kako „ne znaš"? Ti bar znaš. Znaš da kada on dođe, da se ne sme ništa po kući, da se lupa, dok se on ne probudi. I kada znaš, bar ti ćuti. I idi tamo, dole, ako sad ovi, familija i rodbina naša, dolaze, zadržavaj, ne daj da se ovamo penju, larmaju.

SLUGA *(odlazi levo).*

MARIJA *(gleda oko sebe da li je sve u redu; kada vidi da ispred njegove sobe do praga još nisu donesene očišćene cipele i nisu spremljeni legen, ibrik i peškir za umivanje, sva preplašena okreće se i, nad stepenicama, viče prigušenim glasom):* Sofija, Velo, gde ste, more? Brzo ovamo!

SNAHE SOFIJA i VELA *(istrče iz kujne, dole: Sofija nosi među prstima očišćene cipele; Vela nosi legen, ibrik i peškir; penju se u čarapama na čardak).*
MARIJA: Pa gde ste, zaboga?
SOFIJA: Pa tu smo, nano. Ne možemo od onih dole da se okrenemo. Već se svi iskupili. Svi se zbili, pa od njih čovek ne može da se makne.

Iz Jovčine sobe, desno, čuje se kašalj.

SOFIJA *(ostavlja cipele na kraj praga).*
VELA *(spušta legen na stolicu koju joj namešta svekrva).*
JOVČA *(izlazi; pruža ruke ka legenu da se umiva)*: Daj!
VELA *(poliva ga).*
MARIJA *(Sofiji, pokazujući na sobu)*: Idi i otvori prozore.
SOFIJA *(odlazi u sobu i diže zavese, otvara prozore, rasprema postelju).*
JOVČA *(umiva se; briše se peškirom koji mu Vela dodaje)*: Pa kako si ti? Jesi zdrava?
VELA: Jesam, tato.
JOVČA: Kako deca?
VELA: Zdrava su.
JOVČA: Kako onaj tvoj?
VELA: Pa ti, tato, najbolje znaš kakav je...
JOVČA: Dok ga nisam oženio tobom, ja sam znao kakav je, ali sada ti treba da znaš... I sinoć prolazim pored čivluka i vidim da je tamo nešto menjao, neke štale premeštao. Šta je on imao tamo da se meša?
VELA: Pa ne znam, tato. Valjda s tobom se za to razgovarao pa to činio. Ne znam. *(Prihvata peškir koji joj Jovča vraća.)*
JOVČA: E, e...

SOFIJA *(iznosi pojas i odelo gornje; ona i Vela drže pojas kojim se Jovča opasuje).*
JOVČA *(spušta se na minderluk, pruža noge).*
SOFIJA *(donosi cipele i navlači mu ih na noge).*
VELA *(primiče mu sofru na kojoj su već postavljeni ibrik s kafom, sa šoljama, s tacnom duvana, i posluženjem).*
SOFIJA *(služi ga slatkim i vodom).*
VELA *(sipa u šolju kafu, pravi cigaru i meće je u muštiklu i približuje).*
SOFIJA i VELA *(odnoseći legen, ibrik, peškir, silaze u kujnu, iz koje izviruju ženske; sve se gubi u dubini tame kujinske).*
JOVČA *(pali, puši, i srče kafu; okreće se ženi)*: A ti... šta je?
MARIJA *(stojeći do zida, pognuta)*: Ništa.
JOVČA: Kako sinovi, snahe? Kako čivčije i berićet?
MARIJA: Pa kao što znaš, tako je.
JOVČA: Jeste zdravi?
MARIJA: Zdravi.
JOVČA: A Vaska? Kako ona?
MARIJA: Zdrava je.
JOVČA: Zdrava? Nije bolovala? Da ti ne kriješ?...
MARIJA: Nije, nije. Videćeš je već kakva je.
JOVČA: Znam ja kolika je. Ali, kamo je? Gde je?
MARIJA: Sigurno nije još ustala. Šta ću? Znaš, ti si je tako razmazio pa i od tebe duže spava.
JOVČA: Ako, ako. Je li čula da sam došao?
MARIJA: Nije. Nisam htela da je budim.
JOVČA: Ako, ako... Dobro što je nisi budila. Neka spava, neka se odmara. Ama, da nije ona bolovala, bila bolesna, a ti me sad lažeš, kriješ? Jer, snevao sam je, toliko puta sam je snevao, pa sam se bojao...
MARIJA: Nije, nije nikad bila bolesna, uvek je bila zdrava.

JOVČA: E, ako... Dobro samo kad to nije. *(Odobrovoljen):* Sada idi tamo *(pokazuje sobu):* i tamo iz bisaga izvadi neke svile i basme što sam za nju doneo. Ali, da od toga odmah načini odelo, da nosi, hoću da je vidim u to obučenu.

MARIJA: Dobro, dobro. *(Pođe, zastaje):* A za druge, ostale, jesi što doneo? *(Uđe u sobu.)*

JOVČA: Za koje druge? I zašto da donesem?

MARIJA *(vraća se)*: Pa i drugima trebao si šta da doneseš. Trebao si svima u kući po nešto da doneseš a ne samo njoj, pa ovima da je žao.

JOVČA: Ako je kome žao neka ide odavde.

MARIJA: Svi su tvoji. Pa nemoj tako. Deca su ti kako oni tako i Vaska. I ne samo njoj da donosiš, samo nju da kitiš, a ove druge i ne gledaš, pa se bojim da, možda, zbog toga oni nju počnu da mrze...

JOVČA: Jest, moji su svi. Ali, ako su moji, ako sam ih rodio, ja sam se svakom i odužio. Svaki ima da jede i da živi. A Vaska, ona je moja i hoću da je moja. I ti, da ne znaš da si je ti rodila, ti si joj mati, i da ja, zbog nje, moram da te trpim — ne bi mi se ovako ti sada preda mnom... niti bi još smela da mi sada tu... ne bi, jer bi otišla i ti kuda su otišle i one druge, njihne matere. Ali, ovako, nju mi ti rodi, njena mati postade, i veza mi ruke...

MARIJA: Ne kažem ništa. Samo nije lepo. Ako meni nisu svi jedno, nisam im mati, tebi su svi jedno. Svi su tvoja deca. I ne zbog tebe, nego zbog nje, Vaske, neću posle, kad opet odeš i kad te opet po nekoliko godina nema, da oni zbog toga, zbog tebe, što ti samo nju gledaš, nju počnu da mrze, popreko da...

JOVČA: Koga da mrze? Ko je taj koji bi smeo, usudio se?

MARIJA: Niko nju ne mrzi, niko je popreko ne gleda, ali neću ni da može to da...

JOVČA: Ah, ti, ti! „Nećeš", ti „nećeš", ah za to tvoje „neću", da si samo druga a ne njena majka, sada bi ti videla manastir ili tvoju majku i braću odakle sam te doveo. Ali, ti to znaš, i zato ovoliki jezik i imaš. A sada, hajd' idi, i tamo u čaršiji pokupuj pa metni u bisage i posle razdaj svima, kao da sam i njima doneo. *(Ljutito)*: Hajd', sada idi!

MARIJA *(odlazi; silazi u kujnu u kojoj nastane potmuo žagor kad ona uđe).*

(Pauza.)

MITA i ANĐA *(izlaze iz kujne. Mita gotovo silom vuče Anđu za sobom; penje se, čisteći usput odelo i zagledajući se; Anđa za njim skrušena).*

JOVČA *(kad ih smotri, paleći cigaru pokazuje im da priđu i sednu).*

MITA *(pokloni se, sedne bliže).*

ANĐA *(oborena pogleda, spusti se podalje).*

JOVČA *(Anđi)*: A šta ti? Kako tvoji? Gde si ti? Što si čak tamo sela, u kraj? Jesi zdrava? Kako tvoji?

ANĐA *(podiže se, ponizno)*: Zdrava sam, zdrava.

MITA: Nije htela da dođe. Jedva je dovedoh. Neće. Veli: što ću i ja tamo? Neće, ja; neće, jer zna da mora za njenoga onoga sina, krasnika...

ANĐA: Nemoj Mito, nemoj odmah na njega.

JOVČA: Kako on, kako „krasnik", šta on radi?

ANĐA *(moli mimikom Mitu da ne govori).*

MITA: Što me gledaš, što me moliš? Ne može više, sestro. Mora da se govori, mora da se zna. Ne mogu *(pokazuje na Jovču):* pa posle na mene sve da baci, da sam ja za sve kriv.

ANĐA: Nisi, nisi kriv.

MITA: Nisam kriv, i neću da sam kriv. Neću da bata na mene posle: kakav sam ja tvoj brat i, kako sam znao za to, što mu nisam na vreme kazao pa da on njega, kao što treba, za perčin uhvati... Ne može se više, sestro, mora, mora da se kaže... Ja tebi lepo govorih: Gledaj, gledaj dok bata Jovča nije došao, steži ga, ne daj mu da se toliko pronevaljali; ali ti: Ne mogu, šta mogu ja? On je već veliki, već domaćin, svoj gospodar... „svoj gospodar", ali, eno, već vinograd na Ćošci ode, i onu njivu već je načeo, prepolovio...

ANĐA: Ako, od oca mu je ostalo i očevo a ne tuđe jede i troši.

MITA: A, tako! Tako ti! Baš mi je milo. Tako. Bar eto i sam bata neka to vidi i čuje kakva si.

JOVČA: Ama šta je, govorite.

MITA: Pa eto to, bato. Znaš onog njenog. Možda ga se i sećaš: kad je bio mali dolazio je i on ovamo, igrao se sa decom. Pa sad eto taj njen sin... Ti, kao što znaš, kad mi dade one pare da otvorim dućan, trgovinu, ja od tih para odvojih i dadoh i njemu, mome zetu, njenom mužu, njegovom ocu. I kao što mi ti naredi, nisam hteo da mu kažem da su to tvoje pare, da se ne bi olenjio, nego sam kazao da sam od drugoga, komšije, uzeo pod interes i da, ako ne vratimo na vreme, da će nam sve prodati. I, neću duše da grešim, pokojnik sve na vreme tačno vrati, a od toga vide vajde, dobro zaradi, kupi baš taj vinograd i tu njivu. A i ona *(pokazuje na Anđu):* i ona mu je pomagala. Ali, ona sigurno je znala da te pare nisu moje već da su to tvoje, od tebe, bato, pa samo da se ne obruka pred tobom, i ona, dan i noć je sa njim radila, pomagala mu je. I odužiše se, vratiše, pomogoše se i podigoše se. Ali pokojnik umre. Ti baš ne beše ovde, na putu beše. I mi ti lepo njega, sina, na njegov, očev, zanat dadosmo, da izuči, da ga u dućanu zastupi. I on izuči dobro, neću dušu da grešim, najbolje. Samo kad hoće, može da skroji i sašije kao niko drugi... Ali, koja vajda, kad on u dućanu, za tezgom nikad nije. Po mehanama, sa devojkama, momcima, tamo je uvek. U kom kraju čaršije dućan uzme, ceo komšiluk, sve devojke upali. Na svakoj svadbi, veselju, on je. Na saboru zbog njega najbolji svirači, najlepše mesto ispred crkve, ne može da se dobije. I onda ora, pesme, veselje. Ako slavu slavi, po tri dana se pije i veseli, kao da je prvi, hadžijski sin. I govorim ovoj: Zašto, more, zašto toliki trošak? A ona, kao da sam joj krvnik a ne brat, kao da joj zlo mislim, čak se i obrecne na mene: I moja kuća neka je vesela! odgovara i gleda me popreko. I pored njega, i deca nam se iskvariše. Eto moja, rođena, već velika deca, sinovi i ćerke, više se druže, više vole njega nego ma koga. Ne smem svoje dete da izgrdim, izbijem, jer znam da će ono odmah kod nje da beži, i jedva tamo kod nje da ostane, jer zna da će ona, tetka, da ih krije, i oni tamo kod nje, s njim, da se vesele. A sada čujem: i propio se, pa ne samo to nego, što je najgore, poče i sa kafanskim ženama...

ANĐA: Ne čak i to...

MITA: I to, i to, ja! I to s kafanskim ženama počeo, pa će kakvu bolest da navuče, pa će to u kuću da donese i evo, i kuću, i nas, familiju, da upropasti.

ANĐA *(očajna i pogledom moli ga, poriče).*

MITA: To je, ja! Kad nije, a zašto je zimus bolovao, ležao?...

ANĐA: Nije, nije od toga. Nego nazebe, prozebao i zato je bolovao, a ne to, ne... oh!

JOVČA *(Miti)*: Hajd' ti! *(Anđi, koja se takođe diže, rukom daje znak da ostane, da dođe bliže.)*

MITA *(povlači se, silazi).*

MARIJA *(koja je stajala dole na kujinskim vratima i slušala, dočekuje ga prekorno, prigušeno)*: Nisi trebao baš toliko i sve sada da kažeš Jovči. Nisi trebao, jer *(pokazuje na Anđu gore)*: sad, od ovolikog srama, šta joj još ostaje? Ili u svet da ide ili u bunar da se davi!

MITA: Neće, neće da se davi. I ne mogu ja više. Odavna sam ja čekao da kažem, da skinem sa sebe. Neću posle da sam ja kriv, da ja nisam govorio, kazao... A sad, eto ona, i sad sama neka, kako zna, govori, brani se... *(Povlače se u kujnu.)*

JOVČA *(Anđi, posle pauze)*: Pa?

ANĐA *(poniknuta, ćuti).*

JOVČA *(nestrpljivo)*: Govori. Nemam ja kada, i neću ja to. Je li istina?
ANĐA: Istina.
JOVČA: Sve?
ANĐA: Pa...
JOVČA: Istina da je vinograd prodao?
ANĐA: Jeste.
JOVČA: I njivu već upola načeo?
ANĐA: Jeste.
JOVČA: I dućan prazan, ništa u njemu ne radi?
ANĐA: To ne znam.
JOVČA *(plane)*: Pa šta ti znaš?
ANĐA *(sva ponikla, zajeca)*.
JOVČA: Odmah da ga oženiš, s prvom koja ga hoće. Odmah, na moj trošak. Odmah, ili ću mu kao vrapcu glavče... i tebi...
ANĐA *(zahvalno, hoće da mu noge obgrli)*: Oh, bato!
JOVČA *(odbija je)*: Ćut!
ANĐA *(unatraške se povlači ugušujući jecanje, silazi i beži levo iza kuće)*.

Čuje se na kapiji lupa zvekira.

VELA *(istrči iz kujne i otvara vrata na jednom krilu kapije)*.
VLADIKA *(ulazi, blagosilja Velu koja ga ljubi u ruku, pogleda na doksat, polazi stepenicama)*.
VELA *(otrči brzo gore Jovči)*: Tato, evo vladika ide!
JOVČA: Ako je. Sigurno prvi put dolazi.
VLADIKA *(popeo se, ide Jovči)*.
JOVČA *(ustaje)*: Oh, dedo, zar ti? Što ti da se trudiš? Zar mesto ja tebi prvi da dođem, a to ti...
VLADIKA: Ostavi, Jovčo.

JOVČA *(ljubi mu ruku)*: Blagoslovi!

VLADIKA: De, de. Kakav tebi blagoslov! Tebi ne treba. Bog ti je i inače dao sve što želiš. Nego, ja, jutros, u crkvi, za vreme službe, čuh, pa evo. *(Sedaju na minderluk)*: A zaželeo sam te se, odavna te nisam video. Koliko već godina kako nisi došao?! Ima već čitave dve godine kako si jednako na putu, po trgovini. I kako ti se ne dosadi već to i toliko putovanje?

JOVČA: Pa znaš, dedo, ti bar znaš: navikao sam se. A i tamo, svuda, kao da sam u svojoj kući; svugde imam prijatelja, rodbine. I tamo imam imanja i svoje kuće.

VLADIKA: Pa i svoje žene, Jovčo?

JOVČA: Eh, bilo to.

VLADIKA: Ako je bilo. I neka je bilo. Za tebe je, Jovčo, sve, i alal ti vera! Ne da kažeš da ti sad ovo u oči laskam, ili ma šta... Ali, i kad nisi ovde, koliko te puta spominjem i hvalim Boga što si ti. Jer, da tebe nema, šta bi od nas, od ove crkve i vere bilo?!

JOVČA: Pa, zar vas je ko dirao?

VLADIKA: A, ne. Ko sme? Još kada se čulo da si bio u Stambolu, i tamo kod samoga cara... A zar moga, Jovča, kod samoga cara i kod vezira da odeš?

JOVČA: Ta, morao sam. A da se može uvek, to ti već znaš. Samo nekoliko kesa, i sve se može. Ali, morao sam...

SOFIJA i VELA *(donose posluženje za vladiku, služe njega i Jovču, pa se izmiču)*.

VLADIKA *(gleda za njima, Jovči)*: I srećan si, Jovča. Sva ti deca dobra, i sinovi, i snahe.

JOVČA *(s dosadom)*: Deca dobra, ama im matere ne valjaše, te ih oterah. A i ovu bih...

VLADIKA: A nemoj, Jovčo, dosta si ih. Dosta!

JOVČA: A i ovu bih, i ovu! Jer, dedo, ti već to ne možeš da znaš, sveštenо si lice: ali, sve one, žene, ništa nisu. Samo sve one gledaju da te prevare: dok je nemaš, ne uzmeš za ženu, misliš da je ona bogzna šta, da je ona to što misliš, želiš, sanjaš, a kad ono posle — ništa! I zato, neka je greh, ma šta, ne mogu posle da ih gledam, trpim. I zato, to sam grešan, priznajem, ako same nisu htele, mirom, mirno da idu, dobivale su onda manastir, i kvit.

VLADIKA: Bilo to, bilo, sad neće više.

JOVČA: I ovu bih, i ovu, ali Vasku mi rodi. Neku sreću imala što mi nju rodi, a inače...

VLADIKA: A Vaska ti je, neka je, hvala bogu, živa i zdrava, što niko nema. Gledam: izrasla je, razvila se i pod nebom mučno da je takve ima.

JOVČA *(tronut)*: To mi je, dedo, sve. To, moja Vaska, to je sve što imam, što sam imao, i što ću imati. To je sve moje, i ništa više.

VLADIKA: Ako, ako, Jovčo. Neka ti je živa, zdrava! Pa, kako je, dao bog, već izrasla, ušla u godine, neka se sa srećom nađe i kakva prilika, muž...

JOVČA *(plane)*: Kakva „prilika"? Kakav „muž"? Ko za nju muž?! Za mene nema zeta!

VLADIKA: Toliki je, najbolji, od kad tražili, a ti ne daš, i ne daš. Kako da nema?!

JOVČA *(odlučno)*: Nema!

VLADIKA *(odsečno)*: „Nema", jer ga ti nećeš.

JOVČA *(još odlučnije)*: Nema!

VLADIKA *(zagleda mu se duboko u oči, približivši se)*: Nećeš, jer ti ne treba. Ne daš je... drugom!

JOVČA *(razume sumnju, plane, uplaši se od pomisli da svet, i vladika, sumnjaju da on sam, otac, nema što s Vaskom; žuri se da tu sumnju otkloni; sasvim se približuje uz vladiku, gleda mu u oči pravo, silno)*: Dedo! Znaš: čovek, ceo vek žedan, traži nešto. Ne nađe to. Pa... digne ruke, pregori. Ali, žedan, bar hlad da nađe! Ni to nema. Sam on uzme, posadi drvce, čuva, pazi da ono poraste, te bar tu, ako ne žeđ da ugasi a ono hlad da nađe... Drvce poraste, zazeleni, zahladi... Ali, oko njega nigde, nigde bor, jablan, sve sučke... *(Unosi se besno u vladiku; gleda ga široko, očajno, upinje se da ga on razume)*: E sad, biva li da to drvce odsečem, dam, vežem ga za sučku? Biva li? Kaži de!...

VLADIKA *(ustupajući kao pod nekim teretom, sleže ramenima, diže se, polazi)*: Jovčo, sinko. Ne razbiram što govoriš, ali znam, osećam... Radi što znaš... *(Zastaje)*: Ama, mislim: ako nema ovde... Ti si bar proputovao svet, imaš svuda prijatelje, poznanike, pa zar ni tamo nema? Ili, nisi tražio?... *(Odlazi tiho.)*

JOVČA *(ostaje zanesen, uzrujan, u polusvesti, savija cigaru i pali, pije žurno rakiju; gotovo šapatom)*: „Ne daš je drugom!"

VASKA *(izlazi iz svoje sobe, unezverena; kad vidi Jovču pođe brže k njemu s bolnim osmehom)*: Oh, tato, gde si? *(Ljubi mu ruku, klekne, klone, zagnjuruje mu glavu na grudi.)*

JOVČA *(trgne se)*: Tu sam, 'ćeri, tu. *(Pod teretom sumnje koju je razumeo iz vladičinih reči, sa strahom od sveta da ih ne vidi, polako je odguruje od sebe, da bi je i bolje mogao gledati)*: Tako si unezverena, okupana u znoju, i kao ubijena. Šta ti je?

VASKA *(silom se smešeći)*: Ništa, tata.

JOVČA: Da nisi što strašno sanjala?

VASKA *(trza se)*: Eh, ništa to!

JOVČA: Da nisi bolna? Da ti nije teško?

VASKA *(ponizno, stidljivo ali ubijeno i bolno)*: Ništa mi nije.

JOVČA *(u izgovoru njenom oseća bol njen, i u bolu neki veliki, nem, gorak prekor njemu)*: „Ništa"? *(S gorčinom)*: Vidim ja, vidim. *(Teško mu da je gleda takvu, hoće da je obraduje i ukloni, da bi ostao sam sa mislima koje ga spopadaju)*: Da vidiš što ti je tata doneo! Idi materi. I odmah da ti kroji, odmah, da...

VASKA *(jedva što pokazuje znake neke radoznalosti i radosti, odlazi i silazi nemarno, umorno)*.

JOVČA *(gleda za njom; sav trepti od groze sećajući se reči vladičinih, koje ponavlja)*: „Ne daš je drugom!" *(S osećajem mržnje na tog neznanog još mladoženju, raskopčavajući mintan i ogrlicu, besno, siteći se sebi samom):* Nemaš kud više, Jovčo: moraš! *(Klone na minderluk):* Moraš!... Ako ne njega, bar kuću, prijatelje da nađeš... Moraš! Odmah, što pre! Moraš!...

DRUGI ČIN

Velika raskošna soba Jovčina, zastrta teškim ćilimima. U dnu, vrata s prozorčetom gore, za sobu gde je kupatilo; ispred njih poređano odelo. Sleva, vrata za Vaskinu sobu otvorena; zdesna, dva prozora kroz koje se vide lisnate voćke.

MLADEN *(stoji u dnu i osluškuje, ako bi ga Vaska pozvala, da je posluša).*
JOVAN *(dokrada se sleva)*: Mladene, zar se još kupa, još oblači?
MLADEN *(ućutkuje ga)*: Još, još. Ćuti, da te ne čuje.
JOVAN: E, neka me čuje! *(Prilazi bliže iako ga Mladen sprečava, podiže se i proviruje):* A bre, Mladene, može li što da se vidi?
MLADEN *(odgurne ga)*: Jesi li lud?
JOVAN: Pusti me, pusti samo da navirim, da vidim. Možda je još gola, još se nije obukla... Oh, da samo vidim!

Čuje se Vaskin glas.

VASKA: Mladene, donesi mi gornje haljine.
JOVAN: Pusti me, bre, da ja odnesem, da je samo vidim. Mora da je strašno lepa, strašno bela, a već velika je, odavno već devojka, odavna razvijena.
MLADEN *(odgurne ga snažno i s odelom odlazi).*

JOVAN *(vraća se bliže)*: Srećan si, Mladene, srećan što si njen, što nju dvoriš, služiš i što, kad je oblačiš, možeš rukom da je dodirneš; što noću, kad spava, možeš, koliko hoćeš i kako hoćeš, da je gledaš! Eh, kad bih ja bio njen, na tvom mestu! Ali, šta i meni, kod mojih snaška, fali? Moje mesto još bolje, još lepše. Ja bar nisam željan, ne trpim, ne mučim se gledajući kao on. Ja ovamo kod snaška imam bar sve. Istina, ne uvek da me hoće kao čoveka, što sam im mio i drag; nego, kad se napiju, razvesele, a muževi, gazde, još pijaniji, ili zaspe ili odlutaju da tamo, po varoši, po mehanama, i sa Cigankama... a one, već opijene, već raspaljene, već u postelji, pa onako, u noći, u mraku... I onda ja... Istina ne kao čovek. Sutra ni da me pogleda. Kao da ne zna da me je zvala, da sam kod nje bio. Ništa. Ni da zacrveni, zastidi se. A, šta ima i da crveni? Pravo ima. Šta sam ja? Sluga. Ništa. I pravo ima. I prve godine beše teško, mučno. Da se izludi. Ne smem. Borim se. Šta ja znam, i otkuda smem da pomislim na to?! Gazdarice su mi, snaške! A moram jednako sa njima da sam, da ih služim, dvorim. Ako u amam na kupanje pođu, ja da ih pratim, iz amama dočekujem; kod kuće, u sobi, da ih raslađujem, donosim piće, jela... Leti, ako se ode u selo, na čivluk, i tamo jednako sa njima sam. I kad se kupaju u reci, hladu, one — kao da nisam živ, nisam muško — neće da mi kažu ni da se okrenem od njih, da ih ne gledam. Tako se preda mnom brčkaju, kupaju, svlače i oblače... I htede da se izludi, da se presvisne, dok jedne noći...

MLADEN *(izlazi, unezveren)*.

JOVAN *(potrči da se ukloni, misleći da će i Vaska izići; vraća se)*: A bre, obuče li je?

MLADEN: Pa?

JOVAN: Ništa.

MLADEN: Što su ti oči vrele?

JOVAN: Čuješ, idi, miči se, jer sad ću te...

MLADEN *(udara ga, izgura ga i zatvori vrata)*: Odmah se vraćaj tamo, u vinograd, na berbu; nosi šta treba da te ne čekaju! Svi su tamo samo se ti izvlačiš. *(Vraća se posrćući)*: Oh, ovo se ne može više! Ja, ne više. „...Donesi vode, Mladene! Polivaj me! Oblači me, Mladene!..." I skida se, oblači, doteruje, a pusta joj snaga vrela, bela. I cele noći tu, kod nje, ako jorgan od vrućine zbaci, otkrije se, da je pokrijem; da, kada počne buncati, u snu ljubiti i grliti jastuke, ja joj kvasim čelo i dodajem sveže vode... Kao da ja nisam živ, kao da nisam muško. Ako sam joj čuvar, sluga, odrastao pored nje, ipak... Oh, cele noći je otkrivena, cele noći miriše. Pokrijem je, a oči mi se silom upijaju u nju, ruke mi same, silom, njeno telo dodiruju, kosu njenu, lice... A da idem, da bežim od nje? Oh, znam da nigde nema veće sladosti, sreće. I ako trpim, hoću da izludim, ipak je sreća, sreća... Ali, ne mogu više. Ubiću je, ubiću je, bogami, duše mi! Ubiću je, pošto živu ne smem da je imam, živoj ne smem da pogledam u oči, ni reč da joj kažem... Ubiću je, ubiću, i bar mrtvu da je imam, mrtvu da je ljubim. *(Stresa se)*: Oh, oh, ubiću je, ubiću je još uveče i onda cele noći ću je ljubiti mrtvu, cele noći ću joj ljubiti usta, oh, ala će to biti slatko! Cele noći će biti moja. Sve ću moći da joj kažem. Celu da je grlim, ljubim, oh, oh!... Da, ubiću je! *(Hvata se za čelo)*: Oh, bože, bože!

VASKIN GLAS: Mladene, jesi spremio piće i jelo?

MLADEN *(trza se, prekorno sebi)*: Eh, malo ne zaboravih. Evo, sad! *(Odjuri levo.)*

VASKA *(izlazi zajapurena, leže klonulo na minderluk, na leđa, zabacuje ruke više glave)*: Oh, dokle? *(Zažmuri.)*

(Pauza.)

MLADEN *(unosi sofru sa sahanima jela, tanjirem voća, grožđa, bresaka i dr., bocom vina i čašom, namešta je do Vaske, da joj je što

bliže ustima, da se ne mora ni podizati nego da se ležeći može služiti; zatim se izmakne, čekajući zapovesti).
VASKA *(okrene se lenjo, okuša jelo)*: Odi, jedi i ti.
MLADEN: A, ja ne mogu. *(Povlači se.)*
VASKA: Jedi. Ne mogu ja sama. Na, bar uzmi, pij ovo. Ne mogu, jako je to vino za mene. Što mi nisi doneo ono drugo?
MLADEN: Nije rashlađeno.
(Pauza.)

VASKA *(služeći se, pijuckajući, posmatra ga podsmešljivo)*: Gle, gle, pa ti imaš nove čakšire i mintan.
MLADEN: Pa kupio sam, Vaske. One stare pocepale se, pa da ti ne bih prljao po sobi, nove sam kupio...
VASKA *(zagleda ga, daje mu znak da se okreće, što on i čini, zagledajući se i sam)*: Pa to ti baš lepo stoji. Zar imaš toliko para?
MLADEN: Pa imam. I bez ajluka, samo od tebe bakšiša što dobijem pa bi bilo dosta.
VASKA: Pa zar ti sve to čuvaš što ti ja dam?
MLADEN: Čuvam. Ovde kod vas imam sve, i nemam za šta da trošim.
VASKA: I mnogo para imaš?
MLADEN: Pa, ne znam. Sigurno imam dosta. Mećem u sanduk. Ne znam koliko ima. Sigurno dosta.
VASKA: Kako ne znaš? Zar ne služiš da stekneš? Sigurno jedva čekaš da malo zaradiš, imaš para, da ne bi više služio. A ovamo: ne znaš koliko ima.
MLADEN: Pa imam, imam dosta. Mogao bih da ne služim više.
VASKA: A opet služiš?
MLADEN: Pa, ne služim.
VASKA: Kako: „ne služiš"? Kad, otkako si, ti si kod nas, i koliko već godina ima, samo si kod mene, samo mene služiš, dvoriš.

MLADEN: A, pa to. Jest, to. Služim, ali nije to služba. Tebe kad služim, to nije služba. Nije teško... i celog veka ću te — služiti!...

VASKA *(otkriva u tom govoru Mladenovom, ne osećanja neobične vernosti i pokornosti jednog sluge, nego osećanja probuđene muškosti, ko zna od kad silom zatajavane, u nju zaljubljenog čoveka koga, kao takvog, nije dosad poznavala, samozamišljala, sanjala; godi joj da nastavi istraživanje u tom pravcu; polagano se izdiže, seda; gleda ga netremice, pravo u oči, ispitivački; hoće da ga još više raspali nestašnim pitanjima, zadirkivanjem, gradeći se, kao da ga ne razume)*: „Celog veka ću te služiti!" Znam, zbog plate, bakšiša, da stekneš što više para. *(Smeje se.)*

MLADEN: Ne, Vaska. I bez plate, bez bakšiša! Plata, bakšiš mi što — mogu tebe da služim. *(Sav zbunjen)*: Eto to!

VASKA *(sve nestašnije, raskalašnije)*: „Eto to!" *(Smeje se razdragano)*: Ha, ha, ha... *(Zavaljuje se, hoće da privuče iza sebe jastuke, da se nasloni)*: De, šta si se zbunio! Namesti mi te jastuke.

MLADEN *(pometen, pomaže joj, namešta jastuke iza nje, okrenuvši glavu, jer ne sme da je gleda; brzo se opet izmiče)*.

VASKA *(sve razdraženije)*: Ha, ha! Gle kako se zbunio, kako je pocrveneo!

MLADEN *(gleda je bolno, moleći, kršeći prste)*.

VASKA: Ha, ha! „Služba mi plata!" Bre, lud li si, Mladene?

MLADEN: Pa... eto... lud sam, Vaska! *(Hoće da pobegne.)*

VASKA *(primeti mu nameru, skoči, uhvati ga za ruku)*: Gle divljaka! Nećeš! Tu da sedneš! *(Natera ga da se spusti kraj sofre, ispod njenih nogu, pošto opet sedne i zavali se)*: I eto, kusaj, pij *(naliva mu čašu)*: pa da mi pričaš to: kako to? otkad to? Sve, sve, sve! *(Raskalašno se zacenjuje)*: Brzo, odmah, brzo!... Ne mogu da čekam više. Sve, sve, sve!

MLADEN *(drži čašu u ruci koja drhti, i prosipa vino; uplašeno, očajno)*: Aman, Vaske, ne to!

VASKA *(zacenjuje se)*: To, to! Sve, sve, sve!

(Zavesa polako; i po spuštanju čuje se još zagrcnut smeh Vaskin.)

TREĆI ČIN

Kuća kao u Prvom činu. Noć zvezdana, bez meseca. Prazna pozornica. Izdaleka, sve bliže i jače, čuje se silna svirka, seljačka i varoška, sastavljena iz više grupa svirača: goč bije, grneta pišti i trešti, ćemana cvile i izvijaju. Svira se svadbena pesma, kad prosioci, novi prijatelji, idu da prstenuju devojku. Urnebes, svirka, topot, podvriskivanje, tufeci sve bliže. Sleva, iza kapije, lelujava svetlost fenjera koje nose na motkama, i igra dugačkih senaka. Na kapiji se čuje snažna lupa zvekira.

JOVČIN GLAS *(snažno, razdragano, ponosno)*: Čedo, Vaske, otvori!

Dole, u kujni, pa u sobi do nje, na prozorima, pojavljuje se svetlost, promiču iznutra senke; sleva, pored stepenica, neko sa zapaljenim fenjerom pojavi se i opet se izgubi natrag. Spolja se čuje svirka samo ćemana, prigušeno, čežnjivo.

JOVČIN GLAS: E, prijatelji, eto to je ta Jovčina kuća, imanje. Široko koliko zid ovaj drži čak tamo; a duboko tamo kroz voće, tamo do na kraj varoši i dalje, dalje, u polje, u goru...
GLASOVI PRIJATELJA: Au, prijatelju!
JOVČIN GLAS: I osem ove kuće, dedovske, i bašte i nešto voća ovde, sve ja sam stekao, prikupio, združio...

GLASOVI PRIJATELJA: Aferim, prijatelju! Aferim, prijatelj-Jovča!

Otvore se časkom vrata na kujni, jedna snaha u nanulama sa svećom ode gore u Jovčinu sobu, otvori je, zapali još sveća i vraća se u kujnu; druga sveća, s težim koracima, ispadne iz kujne i promiče desno iza kuće.

JOVČIN GLAS *(nestrpljivo)*: Ama, što se ne otvara to?! *(Lupa besno)*: Ako ona, Vaska, tvrdo, zdravo spava, što drugi?... *(Sviračima)*: Svirajte bre, silno. I ona da se probudi! *(Bešnje)*: Otvarajte!

Snažna svirka, goč.
Kujna se otvara, osvetle se vrata.

SOFIJA *(na brzu ruku obučena i zabrađena, sa svećom koja joj drhti u ruci, lupkajući nanulama, trči ka kapiji; uplašenim glasom)*: Sad će, sad! *(Otvara kapiju.)*

Na kapiji se ukazuje napred Jovča, na konju, za njim još tri prijatelja, u bogatom prizrenskom odelu, na konjima. Za njima svirači i nosioci fenjera.

SOFIJA *(ponizno, uplašeno)*: Dobro došao, tato! *(Zastaje, uplašena prisustvom stranih ljudi.)*
JOVČA *(oporo)*: Drž' konje!
SOFIJA *(pridrži mu konja da siđe, saginje mu se ruci, koju on otrže).*
PRIJATELJI *(skidaju se sami s konja, predaju ih svojim momcima s fenjerima, koji prihvate i Jovčinog konja, i vode ih levo, kroz voće).*

PRVI PRIJATELJ *(sviračima, seoskim sa gočem i zurlama)*: Vi tu dole, pred kujnom. Odmorite se. Dok zatreba. S nama samo tiha svirka. Je li tako, prijatelju?

JOVČA *(trza se)*: Da, prijatelju. *(Viče prema otvorenim vratima kujnskim)*: Podrum otvarajte! *(Sviračima)*: Rakiju, vino, sve da vam se da, ne čekajte, odmorite se, dok... *(Prijateljima):* Ovamo! *(Penje se s prijateljima i varoškim sviračima, iza Sofije koja im svetli uza stepenice; Sofiji)*: Za nas gore gumendžu, i kafe, odmah! A deda-Trifunove čaše i zarfove stambolijske!

BUBNJAR SEOSKI *(dok se drugi svirači nameštaju pred kujnom, ulazi u kujnu i zaviruje levo i desno, vraća se k svojima sležući ramenima, tiho, začuđeno)*: Nikoga, bre, nema. Pusto!

JOVČA *(u prolazu pored Vaskine sobe, lupa; i pored ljutine što ih ni ona ni ostali u kući, svi skupa, ne dočekaše kako se nadao, ipak nežnije)*: Vaske, čedo! Ustaj! Tata došao i... *(Prijateljima koje propušta u svoju sobu, pored Sofije koja podiže sveću uz vrata i krije lice)*: Sad će ona, maznuša, dok se spremi, udesi! *(Ulazi za prijateljima da ih tamo razmesti; za njim i svirači. Vrata ostaju otvorena, osvetljena.)*

SOFIJA *(povlači se, odlazi u kujnu)*.

SVIRAČI *(dole, kad je smotre, obradovani)*: Snaške, gazdarice, vina, rakije!

SOFIJA *(odmahne im samo rukom, zamakne u kujnu).*

(Pauza.)

U sobi, gore, utišaniji žagor: „Ako, ako, prijatelju! Aferim, Jovče!", pa tiha, meka, čežnjiva svadbarska svirka.

JOVČA *(izlazi iz sobe na doksat; ljut što se njegovi ne pojavljuju; s počecima već sumnje i slutnje neke teške tajne jer vidi da Vaskini prozori još nisu otvoreni; besno u mrak)*: Kamo ste, bre, kamo?

DRAME

NEKO S FENjEROM *(sleva, došav do ispod stepenica, uplašeno, prigušeno)*: Tu smo, tu!
JOVČA *(bešnje)*: Ovamo, bre!
NEKO S FENjEROM *(izgubi se opet levo iza kuće)*.
MARIJA *(iz kujne, zabuljena, držeći se rukama za glavu teturajući, smeteno se penje)*: Oh, evo, evo!
JOVČA *(kad je spazi gore, izdiže se više još, jedva se uzdržavajući od besa)*: Ovamo ti!
MARIJA *(sa svećom, smeteno, zadižući šalvare da se ne spotakne, u strahu ne zna kuda će; pođe čas na jednu čas na drugu stranu; pođe u sobu gostima, više da bi se sklonila od njega, njegovog besa)*.
JOVČA *(opazi kuda bi ona, priskoči, uhvati je za ruku i trgne natrag)*: Kuda ćeš tamo? *(Zatvori vrata od sobe gde su gosti i svirka)*: Ovamo! *(Istrgne joj sveću, otvori Vaskina vrata, osvetli sobu. Kad vidi da je prazna, izbezumljeno, drugim glasom)*: Šta je?
MARIJA *(pribrala se već. Stojeći pred njim, osvetljena svećom iz ruke njegove koja drhti, rešena na sve, diže glavu i gleda ga, kao nikad dotle, pravo, dugo i gorko, gorko)*.
JOVČA *(ustukne preneražen)*: Ama, šta je?
MARIJA *(jedva prošapće)*: Ništa.
JOVČA *(pokazujući na Vaskinu sobu)*: Pa kamo je?
MARIJA *(bolno)*: Bolna!
JOVČA *(odahne oslobođen sumnje, opet besno, predišući i nadnoseći se nad nju)*: Kako: „bolna"?! *(Zamahne da je bije, gotov da ubije)*: Zašto „bolna"? Dokle će da boluje? *(Još bešnje)*: Šta si ti gledala, čekala? Zašto je nisi lečila?... Zašto si „majka"? Zašto ti je ona kći?...
MARIJA *(zaklima bolno glavom, gleda ga gorko, ironično, proplakavši)*: Kučka je ona, a ne „kći"!
JOVČA *(ustukne; u trenutku razumeo je sve: da ih je Vaska obeščastila, i zato je „bolesna" i nema je kod kuće; izbezumljen)*: Ne to, bre!... *(Gotovo besvesno)*: Lažeš ti! *(Hvata se za tu mogućnost, kao*

poslednju nadu, ponavlja): Lažeš, lažeš! *(Ščepa je za rame i trese):* Kaži da lažeš. Inače... ubiću te, ubiću...

MARIJA *(odlučno):* Ubij!

JOVČA: Ama, ubiću te, ubiću, iako si njena majka. Za nju, radi nje! Ubiću te i posle kazaću joj: „Čedo, ne ljuti se, ali ja ubih onu, tvoju majku. Jer ona tebe, čedo, tebe htela da sramoti, da za tebe kaže ono što ti, znam, uveren sam, ni u snu ne možeš"... *(Tare čelo od znoja, straha, jeze. Izmiče se od žene, blaže):* Jest, ubiću te, ubiću. Govori, kaži da si lagala, da nije istina. Kaži, pa da te ubijem. Govori da to nije istina ili, oh, sve ću da pobijem! Govori brzo, brzo, jer evo već me duši *(hvata se za prsi, vrat):* steže, hvata... Govori, kaži da možda, možda... *(Izmiče se, prestravljen.)*

MARIJA: Ubij! Ali kamo sreća da je „možda", da nije istina!

JOVČA: Pa kamo je? Gde je? Da je vidim. Jer ti lažeš. Gde je, gde je, da je vidim!

MARIJA: Ne možeš da je vidiš. Jer kad je vidiš onda je sve...

JOVČA *(očajno):* Kako: „sve"? Zar je već „sve"? Dotle došlo? *(Baca sveću u njenom pravcu, te se ugasi i kotrlja niza stepenice.)*

MARIJA *(ironično):* „Došlo"? Ko zna koliko, ali kroz koji dan možda će da rodi... *(Pometeno silazi, beži u kujnu.)*

U sobi pojačana svirka, koja i dotle neprekidno traje; sad i prigušena svatovska pesma.

JOVČA *(od besa ugriza se za jezik):* Av! *(Naglo otvara vrata od gostinske sobe, staje na osvetljena vrata):* Prijatelji!

Svirka i pesma, prvo pojačane otvaranjem vrata, prekinu se.

JOVČA *(sam se uplaši od strašne šupljine svoga glasa; povlači se u mrak, zavlači pesnicu u usta i zagrize, do krvi; bol od ujeda ga osvesti;*

trza se, tare čelo, posrćući staje na vrata; usiljenim, duboko bolnim plačnim glasom): Prijatelji, moja *(zagušeno):* kći bolna je, bolna. Danas-sutra, ako ne umre.

PRIJATELJI *(prestravljeni poskaču, dotrče do njega).*

PRVI PRIJATELJ *(nesuđeni svekar, plačno)*: Ne boj se, prijatelju! Ozdraviće ona. Ne odričem se ja. I bolesnu, ja ću da je uzmem...

JOVČA *(besno, očajno, oštro)*: Nema joj leka, nema! *(Zareži, zaškripi zubima, misleći na kaznu za nju. Staje uz vrata spolja; vidi se kako se silom odupire plećima i glavom da se ne skljoka, da se održi uspravno.)*

PRIJATELJI *(zagledaju se, mašu tužno glavama. Pogledima se dogovore i izlaze snebivajući se, kao ubijeni, pored Jovče koji besvesno gleda za njima. Svirači se izvlače preplašeni, pogureni. Svi silaze. Daju znak i sviračima dole te se pridružuju mučke. Neko s fenjerom ih sleva dočekuje i vodi kroz voće, gde su konji i ostali, pa će kroz kapidžike da se izgube zajedno sa lelujavom svetlošću više fenjera).*

JOVČA *(sruši se preko praga sobnjeg, potmulo ječeći).*

(Pauza.)

Dole u kujni i na prozorima gasi se svetlost.

Pozornicu osvetljuje samo mlaz svetlosti ozgo iz sobe, isprelaman rešetkama na doksatu.

JOVČA *(osvešćuje se, diže se u vratima; pipa se po silavu, gleda je li mu revolver pun, vraća ga, nadnese na doksat, besno, prigušenim glasom)*: Konja! *(Silazi teškim koracima, predišući.)*

NEKI SLUGA *(izvodi konja pred binjektaš do stepenica; drži uzengiju, i čim Jovča uzjaše, trči i otvara kapiju, koju odmah i zatvara za Jovčom; dok se topot uznemirenog konja gubi ulicom, sluga trči do kujnskih vrata i viče u mrak)*: Ode gazda!

MARIJA, TOMA i ARSA *(izlaze iz mračne kujne, odahnuvši ali još preplašeni).*

TOMA *(primetivši slugu u mraku kraj stepenica)*: Beži, ti!

SLUGA *(pobegne levo iza kuće).*

MARIJA: Ode da je traži, da je ubije! Sigurno na čivluk. Misli da je onde.

TOMA: Dobro se ti seti da je ne šaljemo tamo, nego sakrijemo čak kod tetka-Pase. Tu je neće tražiti.

ARSA: A šta ćemo sad?

MARIJA *(Tomi)*: Ti, sine, po Bogu sin da si mi, odmah sutra deda-vladiki. Padni mu pred noge, stope da mu ljubiš, moli, preklinji, da ih venča odmah, odmah, preko reda, bez reda. Obećaj prilog crkvi. Deset oka zejtina, voska, kandilo, ikonu. Pare ne žalim. I moli, preklinji, da navrati sutra sâm ovamo, ako on... Oh, teško nama!

TOMA *(predano)*: Hoću, nano, hoću za nju, sve, sve.

MARIJA *(pogleda gore, seti se da treba ugasiti svetlost gore; prema kujni)*: Velo, Sofija, gde ste? Hajde, kćeri, ugasite gore, zatvorite!

VELA i SOFIJA *(odlaze gore, gase, vraćaju se opet u mrak kujnski).*

ARSA: A gde ćemo ih posle?

TOMA: Gore, u onu kućicu, na kraju varoši. Eto im tu, kuća, bašta, njivče, pa kako im bog da!

MARIJA *(grli pastorke, potreseno, plačno)*: Hvala, deco moja slatka! *(Klone im na ruke)*: Oh, crna kućo moja! *(Uvode je u kujnu.)*

ČETVRTI ČIN

Jovčina čardaklija na čivluku. Na sredi ognjište a gore badža s vatrom koja i osvetljuje; sa strane dolapi; prostrta asura; kroz prozore u dnu se vidi mrkla noć. Vetrovi fijuču.

STOJNA *(rasprema, izvlači iz dolapa postelju, namešta kraj ognjišta).*

Čuje se lavež pasa kao na tuđince, ali se brzo utiša.

STOJNA *(oslušne)*: Rano je za njega. I ne bi psi. Biće ko zalutao i prošao.

Čuje se tiha lupa ozdo.

STOJNA *(trgne se, oslušne, otvori prozor, uplašeno)*: Ko je?
GLAS TOMIN: Otvori. Ja sam, Toma! *(pozna glas, začuđeno):* Je li mladi gazda? *(Sebi):* Što li će sad?
GLAS OZDO *(oporo)*: Otvori vazdan!
STOJNA *(zatvori prozor)*: Sad, sad ću. *(Silazi levo.)*
(Pauza.)

TOMA i ARSA *(s podignutim okovratnicama, trljajući ruke sedaju uz ognjište da se greju).*

STOJNA *(ulazi za njima, preplašeno odgovarajući im na pitanja)*: A, neće on još da se vrati. Naročito kad je ovakva noć studena, vetrovita, onda i duže ostane. Ide uvek moj Stojmen krišom za njim, tamo, znate, više Vaskine kuće. Sakrije se i pazi da mu se što ne desi; ima zlih ljudi. I kaže Stojmen: Ništa, samo stoji više kuće, ne mari što vetar i njega i konja zanosi da obori. I što žešći vetrovi, njemu čisto milije. I samo gleda u njenu kuću kako vetrovi oko nje zavijaju, ulaze unutra i, možda, šibaju je, šibaju... A on samo mrmlja: „Tako, tako!" I kao sveteći se i sebi, još bešnje: „Tako! Hoćeš ti! Ne daš, ne daš!"... To i ništa više. Tek obode konja u noć; ali ne dolazi odmah ovamo nego obilazi daleko, čak dole, do granice, ako ga ko od nas, čivčija, čuje ili opazi, da pomisli kako on dolazi ozdo, iz Arnautluka, gde se, kako nam posle priča, puškarao s njima...

STARIJI SIN: De, znamo to i mi. I mi smo ga pratili. Ali to nikom drugom da nisi!... Pa, to ništa i nije, ne košta kuću; ama, on rasipa, čujemo, ovde i daje Cigankama, hoće da proda čivluk?

STOJNA: Ne znam, gazdo. No znam samo da se ovako više ne može da izdrži. Ja bar ne mogu. Otkad se ona nesreća desi i on ovamo kod nas dođe, eto i noć i dan sve je ujedno. Ja više ne mogu da izdržim. Ceo dan spremam, strepim da će svaki čas da se vrati, rupi, i da odmah, znate kakav je, ne počne da nas bije i grdi. A ono, celog dana ne dođe. Sve po planinama i poljima sa konjem. Dobro i taj konj ne padne već jednom. I tek duboko u noć, kad sve živo pospi i već prvi petlovi počnu, on tek onda rupi. I odmah ovamo, u čardakliju. I celu noć sedi. Čim uđe on odmah: gde je ta Ciganka, što tobož ima njene, Vaskine oči...

ARSA: A gde je ona? Tu li je? *(Gleda u brata pitajući.)*

STOJNA: Tu je, dole, kod mene, spava, odmara se.

TOMA *(utišava brata)*: Neka to sada, posle.

STOJNA: A, nije gazda! Ništa loše sa tom Cigankom ne čini. Što kažu da tobož s njom živi, nije, nije istina. Ja sam tu i cele ih noći dvorim. Samo, ona ne liči na Vasku ali, da ima njene oči — ima! I tako, zabradi je i samo te oči da joj se vide, tako cele noći sedi sproću njega. Ona, ta Ciganka sa Vaskinim očima i vračara što mu svaku noć baje i gata na kost. Tako cele noći. I još jednako samo ljutu rakiju, ljutu, ljutu. I već više ne znam gde da je nađem tako ljutu. Prvo staklo što donesem, dobra je, ljuta, ali posle — ne valja, nije ljuta. I onda grdi, viče, preti kako će da me ubije, raseli, sve će da nas rastera... Pa eto, gazdo, ne znam šta više da radim, kud da se denem, ako vi ne...

TOMA: Ne smemo, ne smemo ni mi. Bojimo se. Govore komšije i drugi da ga oglasimo za „onako", u manastir kakav da ga vodimo. Ali još ne smemo.

STOJNA: A, ne to, gazdo! To, lud, nije. Nije još. A i grehota je. Jer toliko puta ujutru, kad mu postelju dižem i jastuk, na jastuku, gde mu je bila glava, gde su mu bile oči, uvek, uvek tu nađem kako je vlažno. Sigurno od suza. Sigurno, kad navuče na glavu jorgan, on, pošto zna da ga neće niko videti, plače tada, i otuda svako jutro nađem ja onako jastuk, gde su mu oči bile, vlažan od suza...

ARSA *(nestrpljiv, osluškujući)*: Ali, bato, da ne rupi... da požurimo!

TOMA *(Stojni, oštro)*: Čuj. Da nas sakriješ dole kod sebe. Tu Ciganku s očima Vaskinim i gataru mi ćemo da prebacimo preko granice, daleko, da se ne vrate više. Ništa drugo, ne boj se. Nećemo da prljamo ruke.

STOJNA *(prestravljena)*: Oh, a šta će sa mnom biti?

ARSA: But. Ništa on neće znati. Kazaćeš: odvukli je, valjda, drugi Cigani, arnautski. I niko ne sme znati.

TOMA: Samo Stojmenu, odmah čim dođe, kazaćeš i poslaćeš ga k nama. S njim ćemo zajedno.

STOJNA *(krši ruke)*: Oh, aman!

ARSA: But! Ako nas izdaš, ako on nešto primeti, ni ti ni Stojmen ovde više!
TOMA: Slušaj. Kad dođe, ti se čini nevešta. Radi sve kao uvek. Pa kad on klone već i Ciganke iziđu, naša briga.
ARSA: Ne može se ovako više, ne može!
STOJNA: Ne može, gazda, ama...
TOMA: Dosta, a sad nas vodi i umiri se, da on što ne primeti. Hajde, brzo, odmah! *(Silaze levo.)*
(Pauza.)

STOJNA *(vraća se, umirena već, podstiče vatru na ognjištu, namešta granje)*: I bolje, bolje tako! Inače se već ne može ovako. Valjda će, posle, i on za njima u svet. *(Trza se na šušanj koji čini Stojmen ispevši se polako u čardakliju.)*
STOJMEN: Dobro, opet stigoh pre. Sad će valjda i on ozdo. *(Stojni):* Šta se tu trzaš?...
STOJNA: De, tako, zamislih se. Nego... *(Priđe i šapće mu, dižući prst na pretnju da o tome ćuti, i sve ispuni što treba.)*
STOJMEN: Ko? Mlade gazde?! Gde su?
STOJNA *(zatiskuje mu usta)*: Ćut! *(Odvlači ga levo niza stepenice.)*
(Pauza.)

Vetrovi sve bešnji.

JOVČA *(penje se teškim koracima, zamišljen, umoran, seda kraj vatre na stolac. Odahne, hukne, teško).*
STOJNA *(užurbana, primiče sofru iz ugla, sa bocom rakije, zastrugom sira, seljačkim hlebom, tacnom duvana i već načinjenih cigareta, palidrvcima i jednom oglodanom kobilicom od pileta).*

JOVČA *(nateže rakiju, žudno otpija, stresa se; dohvata cigaretu i pali, guta dim; pruža noge te ga čivčika izuva, dopušta da mu svlači gornje odelo, raspasuje ga; pomaže i sam; leže u postelju).*

STOJNA *(primiče mu sofru što bliže rukama, nudi ga)*: Kusni, gazda, mezeti malo.

JOVČA *(oturuje jelo, nateže bocu, izvaljuje se, nalakćuje se).*

STOJNA *(pokriva ga i ututkava, namešta jastuk da se bolje nasloni).*

JOVČA *(pogleda je, nešto raznežemje, bolno)*: Gde je?

STOJNA *(uzdahne)*: Eto, tu je. Sad će. *(Okrene se ulazu, silazi, jedva dočekavši da svrši svoju ulogu.)*

ZULFA *(ulazi tiho i seda na stolac prema Jovči, podalje; u raskošnom odelu, s nizama o vratu, zabrađena tankom, finom šamijom, tako da joj se vide samo oči, krupne, sjajne, žive; pogled joj je umiljat, nežan, čežnjiv, dok je Jovča u početku gleda nežnije; docnije, kad plane Jovča, pogled joj je unezveren, prestravljen; u držanju se vidi ukrućenost).*

JOVČA *(gleda u Ciganku, u oči njene, izraz mu postaje sve blaži, zanosi se u uspomene o Vaski pre greha, šapatom)*: Sve moje, sve... Ne dam... *(Seti se greha Vaskinog, plače)*: Ćut, ti!

ZULFA *(okrene samo pogled od njega, zaklanja se rukom).*

JOVČA *(bolno)*: Staru!

NAZA *(ulazi tiho, seda na stolac do Jovče, okrenuta vatri; razgrne šamiju te joj se još jače osvetli od vatre njeno staro koščato lice; uzima sa sofre „kost", unosi se u nju, zagleda pege i šare po njoj).*

(Pauza.)

Vetrovi jače i bešnje duvaju. Tresu zgradu. Vatra praska. Njeni plameni osvetljavaju čas Ciganku, čas Jovču. U noći izdvoji se u huci vetrova dug otegnut urlik psa.

NAZA *(ne diže glavu, nego još jače, tajanstvenije, dublje se unosi u „kost", gleda u nju, obrće je)*.

JOVČA *(gleda je netremice, već ga strah poduzima; hrabreći se vikne)*: Gledaj!

NAZA *(značajno maše glavom, oturuje kosu koja joj pada na oči; tajanstveno)*: I arno i lošo! *(Zagleda bliže):* Bio si bogat, silan. Što god si zaželeo sve je bilo tvoje. Hazne, bisage s parama...

JOVČA *(s dosadom, prekida je, odmahujući rukom)*: More, i sad to imam.

NAZA *(zagleda još pažljivije)*: Drugo šta ima? Zaludu ti što si tolike zemlje video, gradišta proputovao, i na Bakarnom Gumnu bio, tri puta tamo zanoćio — ono što ti je srce tražilo, nikad nisi imao, nikad...

JOVČA *(mračno, prezrivo)*: Hm... pa?...

NAZA *(prigušujući glas, razvlačeći reči, podiže oči koje sjaje od vatre s ognjišta, gleda ga tajanstveno)*: U tvojoj bašti — cveće — fidani... *(Gleda u „kost" pa u Jovču, naginjući se bliže njemu):* Jedan fidan, jedno drvce od svih najubavo, najlepše.

JOVČA *(postaje uznemiren, nateže bocu, puši dublje)*.

NAZA: I ti si ga mnogo čuvao, mnogo voleo.

ZULFA *(izviruje iza stare, gleda umiljato Jovču)*.

JOVČA *(ganut; ublažuju mu se crte na licu)*.

NAZA *(razvlačeći, prigušenije)*: Ali, kad ono poraslo, zalistalo, zažednelo... — ti mu ne dade...

JOVČA *(čisto plačno, kao pravdajući se)*: Sve sam davao! Šta joj nisam dao?...

NAZA *(zagleda bolje „kost", podnosi je Jovči da vidi i sam i pokazuje prstom mesto gde se to vidi)*: Ne znam, gazdo. Ovde tako stoji. *(Unosi se sva u čitanje „kosti", tumači mu šare na njoj; sasvim mu se približila te zajedno sastavili glave i zure u prst njen koji šara po kosti i tumači znake)*: Evo, gazdo, evo ga to drvce... a evo odovud

kao neki mlaz... pa kao pošao da ga osveži, napoji... ali, evo gde si i ti. *(Kucka noktom na jednom mestu.)*
JOVČA *(stresa se, hteo bi da ne gleda, ustrepti očima, zažmuri, opet progleda oštro).*
NAZA: Evo, tu, između njih... i — ne davaš... prečiš...
JOVČA *(hvata se za glavu).*
NAZA: I zato si grešan. Zato te san ne hvata. Sve, sve na to drvce misliš...
JOVČA *(trza se iz zanosa, očajno, besno)*: Napolje! Lažeš! Sve lažeš! *(Baca joj novaca)*: Sve lažeš! Nisam ja grešan. Nisam joj prečio, ne davao... A što ona bila kučka *(otme Nazi „kost" i baca na Zulfu, koja se zgrčila u strahu)*: kučka, pa nije mogla da čeka, dočeka muža... Oh! *(Pada ničke po jastuku, šakama stisnutim u pesnice grčevito gužva i kida jorgan, pleća mu se tresu od očaja i besa.)*
NAZA i ZULFA *(pokupivši razbacan novac, beže levo, bez lupe, u čarapama).*
(Pauza.)

Kroz fijuk vetrova čuje se krik Zulfin: „Aman gaz...!" zagušen šakom. Rzanje konja, topot sve dalji. Urlik psa, prekinut takođe. Fijuk vetrova pojačan...

STOJNA *(izviruje na vratima levo, bojažljivo se krsteći, motri na Jovču).*
JOVČA *(trese se u silom zagušivanom plaču)*: Drvce moje... sve moje... ne davam...

PETI ČIN

Kraj varoši. Na kraju Vaskina kućica: prosta, sniska, ograđena kamenom i, kao sve zabačene kuće na kraju varoši, pokrivena kamenim pločama i crepovima. Sva razgrađena i sa zidovima od naslaganog kamenja. Naniže, u dnu, pruža se ulica koja vodi varoši, sa poređanim kućama, tornjevima od crkve. — Iz varoši čuje se larma, žagor. Veče počinje da pada.

VASKA *(sedi ispred kuće, zgrčenih kolena, u starom odelu, povezane glave, osobito čela, i puši okrajak cigare).*

MLADEN *(s druge strane ulazi sa naramkom drva koja je nabrao po šumi; pogrbljen; žurno i obradovano što je stigao na vreme)*: E, e, stigoh na vreme, stigoh, stigoh. *(Stovaruje s leđa drva ispred kuće):* Imaš gasa, sveće? A, ima to. Ostalo je od sinoć. Ali ti, imaš li ti duvana?

VASKA *(baca s prstiju cigaru odavno ugašenu)*: Nema. Nestalo već.

MLADEN *(zabrinuto)*: Pa sinoć ti kupih! Zar već ti nestalo? Što ga toliko mnogo pušiš? *(Češe se, zamišljeno):* Sada ne znam gde ću već na veresiju da nađem. Da bar ranije stigoh, te bar ova drva da prodam pa duvan da ti kupim.

VASKA: Ne moraš ni da mi ga kupiš.

MLADEN *(uplašeno)*: Kupiću, kupiću. Ne moraš ti odmah da se ljutiš. *(Polazi):* Kupiću ti! *(Zastaje):* A hleba? Imaš li njega?

VASKA: Ima. Ostalo od sinoć neko komađe.

MLADEN *(izlazeći)*: E, dobro. Bar to, hleba kad ima. *(Zastaje)*: A ti, molim te, ako nećeš štogod da mi skuvaš, a ono bar naloži vatru. *(Pokazuje na drva)*: Eno, sve je suvo, sve suvo. I, ako hoćeš, naloži. Naloži, neka se bar zadimi po kući. *(Odlazi.)*

VASKA *(diže se. Uzima od drva nekoliko najtanjih i pošto ih o koleno prelomi i usitni, ulazi u kuću).*

(Pauza.)

Čuje se sve bliže larma, vika: „O deda Jovčo! Deda Jovčo!"
Ulazi Jovča. Deca ga vode. Igraju se s njim. Vitlaju ispred njega. Jedni ga spotiču, drugi mu prikačinju ostrag razne stvari što na putu nađu.

DECA *(vodeći ga)*: Hoćeš kod Vaske?... Deda Jovčo!... Hoćeš tamo, kod nje, da te vodimo?

JOVČA *(ukaljan kako je usput padao, gologlav, u belim čarapama, neopasan, u košulji, kako je od kuće, iz zatvora, utekao; idući šlogiran, trupkajući i zanoseći se, krklja i odobrava deci)*: A... a... tamo... a... a.

JEDAN DEČAK *(naviruje u Vaskinu kuću i viče)*: Vaske more, evo otac ti, deda Jovča!

VASKA *(istrči, poleti ocu; uzima ga od dece)*: Oh, oče, zar opet ovamo? Zar si opet mogao da se ukradeš i dođeš ovamo? Oh, zašto, zašto? *(Uzima ga, meće do sebe, u krilo, čisti mu odelo)*: Oh, gde si to padao, gde si mogao toliko da se uprljaš?

JOVČA *(sa neiskazanim naporom da se nasmeje, sa suzama u očima, s bolom u ustima, krklja srećan, gledajući u nju)*: A... a... a...

BELEŠKA O PISCU

Borisav Stanković, jedan od najznačajnijih predstavnika realizma u srpskoj književnosti, rođen je 1876. godine u Vranju. Budući da je rano ostao bez roditelja, brigu o dečaku preuzela je njegova baba po ocu, Zlata, a njen život i priče o starim vremenima kasnije će mu biti inspiracija za mnoga dela.

U rodnom gradu završio je osnovnu školu i sedam razreda gimnazije, a osmi razred u Nišu gde je i maturirao. Ekonomski odsek Pravnog fakulteta u Beogradu upisao je 1896. godine.

Iste godine, kao student prve godine prava, ostaje i bez babe Zlate. Zbog materijalnih neprilika, dve godine kasnije prodaje porodičnu kuću u Vranju lokalnom svešteniku. Kuća je danas Muzej Bore Stankovića i nalazi se u Baba Zlatinoj ulici.

Tokom studiranja izdržavao se radeći kao praktikant u Državnoj štampariji, Ministarstvu prosvete i Ministarstvu spoljnih poslova.

Diplomirao je 1902. godine. Iste godine venčao se sa Angelinom Milutinović, uglednom Beograđankom iz svešteničke porodice sa kojom je imao tri kćerke.

Godine 1903. dobija stipendiju Ministarstva prosvete i godinu dana boravi u Parizu. Po povratku u Beograd radi kao službenik na železničkoj stanici, kao poreznik, a zatim osam godina i kao kontrolor državne trošarine u Bajlonijevoj pivari. Godine 1913. ponovo prelazi u Ministarstvo prosvete.

BELEŠKA O PISCU

Po izbijanju Prvog svetskog rata kao referent Crkvenog odeljenja Ministarstva prosvete i vera zajedno sa srpskom vladom povlači se u Niš, ratnu prestonicu Srbije. Pred austrougarskom i bugarskom ofanzivom srpska vlada i vojska prinuđene su da se evakuišu i iz Niša, a Stanković je tom prilikom bio zadužen za prenos moštiju Stefana Prvovenčanog do Pećke patrijaršije. Odatle je, januara 1916, stigao u Podgoricu.

Tu ga zarobljava austrougarska vojska i internira u Derventu odakle se, kad je pušten na slobodu 1916. godine, vratio u Beograd gde je svojim književnim i novinarskim radom, pišući kratke zapise i reportaže o životu u okupiranom Beogradu, pokušavao da prehrani porodicu.

Zbog saradnje i pisanja za *Beogradske novine* do smrti će nositi mučan teret moralne osude.

Preminuo je razočaran i usamljen u Beogradu 1927. godine. Sahranjen je na Novom groblju.

U književnom opusu velikog Bore Stankovića svoje mesto našle su i tri drame: *Koštana*, njegovo najpoznatije scensko delo, jedno od najčešće izvođenih i najgledanijih u Srbiji; *Tašana*, nastala dramatizacijom pripovetke *Paraputa*, izgubljena u Velikom ratu, dovršena po sećanjima i sačuvanim objavljenim odlomcima u časopisima tek 1927. godine, i *Jovča*, njegovo najmanje poznato scensko delo, nastalo dramatizacijom istoimene pripovetke. Kao i u svojim pripovetkama i romanima, Stanković narativni svet svojih drama plete oko tema neostvarenih ljubavi, čežnje za prohujalom mladošću, želje za dinamičnim i slobodnim životom, i pri tom, sve lične i porodične drame svojih tragičnim sudbinama ophrvanih junaka, zbog neumoljivog mehanizma patrijarhalnog društvenog poretka, uvek smešta daleko od očiju sveta, iza visoko podignutih ograda njihovih čaršijskih domova.

SADRŽAJ

Koštana......................1
Tašana...................51
Jovča................141

Borisav Stanković
DRAME: KOŠTANA, TAŠANA, JOVČA

London, 2023

Izdavač
Globland Books
27 Old Gloucester Street
London, WC1N 3AX
United Kingdom
www.globlandbooks.com
info@globlandbooks.com

Naslovna fotografija
Rudy and Peter Skitterians
(https://pixabay.com/photos/
tambourine-instrument-percussion-970343/)

www.ingramcontent.com/pod-product-compliance
Lightning Source LLC
Chambersburg PA
CBHW050413120526
44590CB00015B/1953